VERLOBUNG – WARUM ?

Antwort an zwei Verliebte

Philippe und Catherine Timmel

VERLOBUNG WARUM?

Antwort an zwei Verliebte

Mit einem Vorwort
von P. Jacques Marin

Parvis-Verlag
CH-1648 Hauteville/Schweiz

Französischer Originaltitel:
«Pourquoi nous fiancer? Réponse à deux amoureux»

Deutsche Übersetzung: Doris Dunkmann

PARVIS-VERLAG
CH-1648 HAUTEVILLE / SCHWEIZ

Gedruckt in der Schweiz
ISBN 3-907523-59-8

Für unsere Kinder Joseph und Marie Elisabeth,
die Früchte unserer durch die Ehe
nach neun Monaten der Verlobung
gereiften, verklärten und gefestigten Liebe

Vorwort

Verlobung... ein sehr zeitgemäßes Thema, und dazu nun im rechten Augenblick ein zeitgemäßes Buch, weil die Verlobung so gut wie vergessen ist. Von daher ist es auch ein aufschlußreiches Buch, weil es ausgetretene Pfade meidet und sich mutig der großen Frage unserer Zeit stellt: Sollte man nicht zur wahren Liebe zurückkehren...?

Du, oder ihr beiden, ihr werdet euch gewiß nicht langweilen, wenn ihr euch auf dieses Buch einlaßt! Denn es handelt von Anfang bis Ende nur von der Liebe, und wie! Nämlich in Wahrheit. Die wahre Liebe ist tatsächlich nie langweilig, auch wenn sie anspruchsvoll ist. Außerdem ist die wahre Liebe immer etwas Lebendiges, und so ist auch dieses Buch von A bis Z lebendig.

Was darinsteht, ist vor allem das Zeugnis eines jungen Ehepaares, das dank der Gnade Gottes – deren Zeuge ich sein durfte – eine echte, gute Verlobungszeit hinter sich gebracht hat. Es ist eigentlich ein Zeugnis von «Neubekehrten», daher der zupackende, manchmal abgehackte Stil, eine ständige Herausforderung, wieder und wieder zur Liebe zurückzukehren. Das ist der Weg der Wahrheit, und er allein führt zum Glück. Der Apostel Paulus sagt: *«Die Liebe freut sich an der Wahrheit»* (1 Kor 13, 6).

Daher gehen Philippe und Catherine ohne zu zögern an dieses Thema heran, damit nichts im unklaren bleibt. Denn das würde nur zur Verwirrung führen und in einer solchen unheilvollen Verwirrung, zur Verständnislosigkeit, und wenn zwei Herzen sich nicht mehr verstehen, ist schon eine Verletzung da. Was dann fehlt, ist Klarheit.

In den Antworten auf all diese sehr deutlichen, dringenden Fragen liegt ein Angebot, ja ein Geschenk: die Freude, daß sich die Dinge für euch Liebende klären, daß ihr im anderen klarseht. Diese Antworten wollen nie beurteilen oder beschuldigen. Sie holen euch vielmehr da ab, wo ihr steht, um euch in das Licht Christi zu führen. Dieses Licht hat seinen Ursprung im Wort Gottes und ist dazu da, um in euren Herzen zu scheinen.

Die Verlobung ist die Zeit des gründlichen Kennenlernens im Licht und in der Wahrheit. Eine gute Ehe setzt eine gute Verlobung voraus. Um das zu erreichen, müßt ihr die tiefe Suche eures Herzens mit der tiefen Liebe verbinden, die in Gott ist. Es geht um die Zukunft der Kirche und den Aufbau der Welt von morgen.

Dieses Ziel im Auge, würden wir es begrüßen, wenn die Zeit zwischen der ersten Begegnung und dem anschließenden Kennenlernen einerseits und dem gesegneten Tag der Hochzeit andererseits geistig und in ihrer gelebten Form geachtet wird. Denn ist es nicht so, daß viele Paare sich gründlich auf die Hochzeit vorbereiten können, wenn sie die schöne Zeit ihrer aufkeimenden und wachsenden Liebe achten? So daß sie aus der Unschlüssigkeit ihrer zahllosen Verabredungen herausfinden und endlich zu der notwendigen Entscheidung gelangen, eine richtige Ehe einzugehen – oder aber in bestimmten Fällen sich einzugestehen wagen, daß sie zu lebenslanger treuer Liebe nicht fähig sind.

Dazu ist Gottvertrauen nötig. Auf der anderen Seite ist Gott jedoch immer treu und geht auf die Erwartung der jungen Leute ein, die ihm und gleichzeitig einander die ewige Treue versprechen. Der Einsatz ist groß und nie schon von vornherein gewonnen!

Darum lest dieses Buch, es eröffnet euch alle Gewinnchancen.

Vor allem aber achtet gut auf die in diesem Buch angeführten Bibelstellen. Dann habt ihr nicht nur alle Erfolgschancen für eure Liebe und euer Leben auf eurer Seite, sondern diesmal sogar die sichere Zusage des Sieges. Und das wird der Sieg der Liebe sein, schließlich der Liebe Gottes, denn «Gott ist Liebe» (1 Joh 4, 8).

Der Herr braucht euch, damit die Liebe über die Welt herrscht. Was für ein Programm! Einfach großartig! Aber erst ist eine gute Verlobungszeit nötig.

Dank an Philippe und Catherine, daß sie euch nach Erfolg und Liebe Dürstenden helfen. Wenn sie die eine oder andere Frage noch offengelassen haben, dann schreibt ihnen einfach. Warum nicht?[1]

P. Jacques Marin

1 Anschrift siehe Anhang

«Man kann nicht nur auf Probe leben,
man kann nicht nur auf Probe sterben.
Man kann nicht nur auf Probe lieben,
nur auf Probe und Zeit einen Menschen annehmen.»

Papst Johannes Paul II.

Einleitung

Anna und Bernhard, zwei Studenten in Paris, wohnen seit einigen Monaten in einer kleinen Wohnung zusammen. Das ist nicht ihr erstes Abenteuer. Sie haben ein paar schwache Erinnerungen an ihre Glaubenserziehung und machen sich deshalb Gedanken über die Zukunft ihrer Beziehung. Die vielen Trennungen und Scheidungen in ihrer Umgebung, denen anscheinend niemand entgehen kann, verunsichern sie jedoch sehr.

Bernhards Bruder hat gerade seine Frau und das gemeinsame zweijährige Kind verlassen, nachdem sie drei Monate verheiratet waren. Anna hat soeben erfahren, daß ihre beste Freundin, im siebten Monat schwanger, die Scheidung eingereicht hat... «Verfahrene Kiste! Wenn die Ehe so ist – nein danke!»

Ist der Weg der Mehrheit aber immer der Weg der *Wahrheit*? Sind Anna und Bernhard für immer zu einer zeitlich begrenzten Beziehung «auf Probe» verurteilt, oder gibt es noch feste, dauerhafte Liebe?

Ist die Ehe völlig «out», altmodisch und überholt, oder ist die Liebe immer noch möglich und zeitgemäß...?

«Es gibt fast zwei Millionen alleinstehende Mütter in unserem Land, warum sollte es mir dann nicht genauso gehen?» fragt Anna sich voller Zweifel.

«Heiraten, das heißt doch geben, nehmen, achten, danken, nein sagen, miteinander reden, warten, vergeben... Das schafft man gar nicht!» stellt Bernhard bitter fest.

Und den beiden kommen eine Menge Fragen, die schließlich zu diesem Buch geführt haben. Schon jahrelang lag uns am Herzen, es zu schreiben.

Wer seid ihr, daß ihr euch zutraut, uns zu antworten?

Es ist wahr, wir sind nichts weiter als zwei Arme, Sünder wie ihr, und sicher noch tiefer gefallen als viele von euch. Aber durch Gottes Gnade haben wir die *Liebe,* die *wahre,* gefunden, die lebendig macht und Bestand hat.

Darum stehen auf diesen Seiten weder Urteile noch Moral, sondern nur unverblümte Antworten und deutliche Ratschläge, schon aus Achtung vor dem, was Anna und Bernhard von uns erwarten:

Nur kein hohles Geschwätz! Uns reicht´s mit den großen Reden, die uns doch bloß erzählen, was man schon weiß, die bloß unsere Fehlschläge feststellen und über uns hinweggehen. Sagt uns, was Sache ist, wir wollen die Wahrheit hören!

Ihr habt recht. Es genügt nicht, «ergeben» einen Stand der Dinge festzustellen, und auch nicht, irgend eine Haltung oder erschreckende Zahl zu entschuldigen oder zu rechtfertigen. Dann wären wir nichts weiter als

Beobachter und Verwalter eines unvermeidlichen Unglücks.

Wir wollen verantwortliche Zeugen sein. Die Welt braucht mehr Zeugen statt Vordenker (oder Nachbeter!).

Dieses Buch ist euch, den Liebenden, zugedacht. Wir stehen voll auf eurer Seite und haben große Achtung vor euch. Ihr seid im Begriff, zu entdecken, daß ihr vielleicht nicht in erster Linie einen Leib, sondern eine Seele habt! Wir wollten euch auszeichnen, Mut machen und in diesem Kampf beistehen.

«Weise» seid ihr Verlobten und «Hinweise» auf die Frohe Botschaft für die Welt von heute. Denn angesichts der gängigen Erotik der Freizügigkeit entscheidet ihr euch für das Heldentum der Keuschheit, glaubt ihr an die *Liebe*, die *Treue* und das *Leben* und schwimmt entschlossen gegen den Strom, um weiterzukommen.

Reihenfolge und Umfang der Kapitel stehen in keinem Zusammenhang mit der Rangordnung oder der Bedeutung der angeschnittenen Themen. In der *Liebe* gibt es nämlich nichts Unbedeutendes: alles ist wichtig, alles zählt und hängt miteinander zusammen.

Bevor es jetzt weitergeht, wollen wir euch aber noch eine Frage stellen, eine einzige: Wißt ihr, was die Ehe ist und warum man heiratet?

Als Antwort soufflieren wir euch einen Auszug aus einem Gebet, das zwei Brautleute für ihre Hochzeit zusammengestellt hatten:

«Wir heiraten (...) im Hinblick auf das Reich Gottes, um den Himmel auf Erden sichtbar zu machen und mit Gottes Gnade schon hier und jetzt ein wenig von diesem Reich aufzurichten, damit alle, die uns sehen, sagen können: *"Seht wie sie einander lieben"*» (Joh 13, 35).

Hoffentlich habt ihr denselben Wunsch, wenn ihr dieses Buch wieder zuklappt!

Es ist nie zu spät

Das ist ja alles gut und schön. Aber was haben wir denn noch zu hoffen, nach allem, was wir hinter uns haben?

Statt Theorie und schöner Worte, hier ein Zeugnis von Peter und Sandra:

> «Zwei Jahre haben wir ohne das Ehesakrament zusammengelebt und einem Kind das Leben geschenkt; Meinungsverschiedenheiten glichen wir mehr mit Sex als mit dem Herzen aus, glaubten uns stark in unserer Liebe.
>
> Nach neun Monaten des Zusammenlebens haben die Dinge des Lebens, die konkreten Schwierigkeiten, die Sorgen und die Zeit selbst unsere Träume und Ideale zerstört... Erst dachten wir noch, alles im Bett regeln zu können, aber allmählich sind wir untergegangen.
>
> Als wir schon vor der Trennung standen, konnten wir uns dank dem unaufdringlichen Rat von Freunden dazu entschließen, mit unserer Bezie-

hung noch einmal von vorn anzufangen. Mit dem Ziel der Ehe haben wir in gegenseitiger Zärtlichkeit ohne sexuelle Beziehungen eine Verlobungszeit durchlebt. Wir haben zurück zur Keuschheit gefunden. Wir lernten, miteinander zu reden, zu vergeben und um Vergebung zu bitten. Natürlich sind wir noch einige Male auf die Nase gefallen, aber jedesmal haben wir einander um Verzeihung gebeten und Gott angefleht, uns zu helfen. Das hat Er getan und uns so etwas wie eine neue Jungfräulichkeit geschenkt.

Unsere Hochzeit war der schönste Tag unseres Lebens, ein unsagbares Glück. So war es vor drei Jahren, so war es gestern und wird es morgen sein. Jeden Tag, und immer.»

Ein kleines Gleichnis

Das ist irgendwie unglaublich! Wie haben sie denn ihre Verlobungszeit verbracht?

Ein kleines von Alphonse d'Heilly entliehenes Gleichnis gibt euch darüber Auskunft: Womit können wir die Verlobung vergleichen, mit einem Wartesaal, einem Salon oder mit einer Werkstatt?

Der Wartesaal steht für die Untätigkeit. Man wartet, bis es vorbei ist, man schaut auf die Uhr und sagt: «Nur noch 27 Tage, dann heiraten wir!» Man überwintert einfach, man hält es aus. Kurz, es wird zu einer Angelegenheit der Zeit, und das bringt euch überhaupt nichts. Eine solche Zeit ist vollkommen unfruchtbar, ohne Duft und Geschmack!

Neben dem Wartesaal gibt es den Salon: klein, schnieke, gepolstert und gemütlich. Das ist gehobene Klasse, so nach dem Muster «überall rote Herzchen». «Ich bin ganz verrückt nach dir!» Gefühlvoll-romantisch mit Rosenduft: «Du bist ja so schön!» «Das ist so schön, wie wir uns lieben!» Man umarmt sich bis zum Gehtnichtmehr, die Welt um uns her versinkt, man kann gar nicht mehr ohne den anderen sein, und das Tätigkeitswort *lieben* wird auf alle möglichen Weisen konjugiert... Kein tiefergehendes Gespräch, kein Austausch. Es ist so etwas ähnliches wie Selbstsucht zu zweit.

Schließlich ist da noch die Werkstatt. Ein erstklassiger Ort, um die Liebe zu lernen! Gleich ob ihr Handwerker oder Intellektuelle, Literaten oder Wissenschaftler seid, gleich welche Schule ihr besucht habt, jeder hat eine Ausbildung, eine Zeit des Lernens hinter sich, um es zu einem Beruf zu bringen. Ihr findet es auch selbstverständlich, ja ganz normal, für eine solche Ausbildung ein, fünf oder sogar zehn Jahre einzusetzen. Wieso sollte für alle Berufe eine Vorbereitung nötig sein, nur für die Liebe nicht?

Ihr seid durchaus bereit, Französisch, Mathematik, Chemie, Klempnerei, Mechanik oder selbst das Autofahren zu lernen. Aber sobald es um die Liebe geht, heißt es: «Halt! Privatgelände! Wir kommen allein zurecht! Wir brauchen niemand, und vor allem wollen wir keine Zeit verlieren, das Leben ist so kurz!»

Nein, die Liebe ist nichts Angeborenes, sie muß erlernt werden, und das braucht Zeit. Die Liebe, das ist ein Fest, und ein Fest benötigt Vorbereitung. Oder, wenn ihr wollt, eine «Gebrauchsanweisung».

Gebrauchsanweisung der Liebe

Gebrauchsanweisung der Liebe?

Aber sicher! Eine Gebrauchsanweisung besteht aus der Gesamtheit von Ratschlägen für die Handhabung im Hinblick auf das bestmögliche Ergebnis. Mit anderen Worten, aus den Angaben des Herstellers, der den Gegenstand entwickelt hat und dessen Besonderheiten, Eigenschaften, Arbeitsweise, Grenzen und auch die Schwachstellen kennt.

Wenn ihr beispielsweise den Beipackzettel eines Kopiergeräts nehmt, dann schreibt der Hersteller: «Vor dem Gebrauch sorgfältig durchlesen! Im Störungsfall einen Fachmann zuziehen! Die Garantie erstreckt sich nicht auf Schäden, die durch falschen Gebrauch, fehlerhaften Anschluß oder unnormale Spannung verursacht wurden, ebensowenig auf Schäden durch fremde Ersatzteile oder Unbefugte, usw.»

Was hat das mit der Liebe zu tun?

Ganz einfach. Jesus fordert uns auf: *«Liebt einander, wie ich euch geliebt habe»* (Joh 13, 34). Wir wollen eben eine

Probegleichung aufstellen: Wer hat die *Liebe erfunden*? Gott, denn Gott *ist Liebe* (1 Joh 4, 8) und in der Genesis 1, 27 und 31 heißt es: *«Gott schuf den Menschen nach seinem Bilde, nach dem Bilde Gottes schuf er ihn, als Mann und Frau schuf er sie. (...) Und Gott sah alles, was er gemacht hatte, und siehe, es war sehr gut.»* Mit anderen Worten: Gebrauchsanweisung der Liebe = Gebrauchsanweisung Gottes! Was zu beweisen war.

Wir finden es ganz normal und sogar folgerichtig, eine Erklärung für den Gebrauch zu lesen und richten uns bereitwillig nach den jeweiligen Einschränkungen und Forderungen. Dabei vertrauen wir dem Hersteller hinsichtlich aller möglichen Anweisungen (Anlaufzeit, Vorsichtsmaßnahmen, Reihenfolge usw.), da er das *Wie* und *Warum* kennt und die Befolgung unserem eigenen Nutzen dient.

Bei der Liebe ist da allerdings ein beträchtlicher Unterschied: Wir haben nichts gezahlt, nichts gegeben, nichts ausgegeben, um sie zu bekommen (Jesus hat an unserer Stelle dafür gezahlt und sein Blut gegeben), und wir gebrauchen diese kostenlose Gabe nicht nur, wir gebrauchen sie falsch, ja mißbrauchen sie sogar.

Es würde uns auch nie in den Sinn kommen, die Ordnung in der Natur anzuzweifeln, etwa, warum erst die Blüten, dann die Früchte kommen oder warum das Weizenkorn vor dem Auskeimen erst in der Erde sterben muß.

Der Vater des Unternehmens «Mensch», der Entwickler, der Schöpfer, das ist Gott selbst. Also ist die *Liebe* eine göttliche Gegebenheit. «Adel verpflichtet», sagt man, und das gilt auch für Gott und die *Liebe*!

Wir entstammen einem göttlichen Einfall, sind Gottes Söhne und Töchter. Darum können wir uns auch nicht mit irgendwelchen Bruchstücken oder sonstigem zufriedengeben: Wir brauchen etwas Göttliches!

Das ist so, wie wenn ihr einen Rolls Royce hättet und bei einem x-beliebigen Mechaniker reparieren lassen wolltet, oder wenn man in einen 1000er BMW eine Zweitakter-Mischung tanken würde.

Ihr müßt alles Vermischte und Halbherzige meiden, wenn ihr die Fülle, ein hundertprozentiges Glück sucht. Wendet euch Gott zu, Er allein gibt, was Er haben will.

Verschiebt diese Entscheidung für Gott allein aber nicht immerzu auf morgen oder später. Allerdings stellt seine Liebe Ansprüche, denn zur Liebe gehört die Wahrheit. Genau diese Liebe gilt es, in eure durch das Ehesakrament verbundene Partnerschaft, die ihr vielleicht bald beginnt, einzufügen (und nicht nur hinzuzufügen!).

Warum soll man überhaupt heiraten?

Nicht zum Vergnügen der Familie, weil es immer so war oder alle es tun, sondern um Gottes Liebe zu erwidern.

Gott, der Liebe ist, hat uns zuerst geliebt, und sein «Unternehmen» besteht aus einer wirklichen Liebesgeschichte mit jedem einzelnen von uns. Er hat uns aus Liebe geschaffen und beruft uns zur Liebe.

Die Ehe ist keine menschliche oder kirchliche Erfindung oder Einrichtung. Gott selbst hat als erster einen Bund mit seinem Volk geschlossen und diesen Bund in seinem Sohn Jesus, dem Gotteslamm, besiegelt, der sein Ja zur Menschheit ist.

Die Heirat ist unendlich viel mehr als nur eine Segnung: Sie ist eine heilige Handlung, ein Sakrament, das «sichtbare und wirksame Zeichen der Gegenwart Gottes», wie die Definition lautet.

Wie alle Sakramente ist die Ehe ein Geheimnis, das Geheimnis der ehelichen Liebe Christi zu seiner Kirche. Der heilige Paulus bestätigt es uns:

> *«Ihr Männer, liebt eure Frauen, wie auch Christus die Kirche geliebt hat»* (Eph 2, 25). *«Deshalb wird ein Mensch seinen Vater und seine Mutter verlassen und seinem Weibe anhangen, und die zwei werden ein Fleisch sein. Dieses Geheimnis ist groß; ich deute es auf Christus und die Kirche»* (Eph 5, 31-32).

Wir wissen, wie weit Jesus in seiner Liebe gegangen ist: bis ans Kreuz, dem Hochzeitsbett schlechthin, der Quelle des Lebens!

Jedes Ehepaar ist berufen, aus dieser Liebe zu leben. Wie eine Ikone soll es diese Schönheit und Torheit der Liebe Gottes zu den Menschen widerspiegeln, bekunden und sichtbar machen. Das, und nichts geringeres ist die Ehe! Daher werdet ihr verstehen, daß man mit der Liebe nicht scherzen soll, warum die Ehe, warum das Leben heilig ist!

Angesichts einer solchen Verantwortung beginnen viele sich zu fürchten. Sie wagen es nicht, eine Verpflichtung einzugehen und kapseln sich ins Zusammenleben ab, weil sie darin einen fruchtbaren Boden für ihre Liebe sehen. Irrtum! Zusammenleben heißt Unentschlossenheit zu zweit!

«Die Liebe vertreibt die Furcht» (1 Joh 4, 18). Ihr habt einfach noch nicht entdeckt oder wahrgenommen – wozu ihr nichts könnt –, daß Gott derjenige ist, der alles tut.

Er ist der Treue. Er ist der Weg. Er ist die Wahrheit. Er ist das Leben. Und Er ist die *Liebe*! Auf all unser Verlangen, unsere Sehnsüchte und Erwartungen ist Er die Antwort.

Fürchtet euch nicht, laßt euch von Ihm lieben, damit ihr einander mehr und besser lieben könnt.

Verschieden, aber warum?

In der Genesis wird gesagt, daß Gott uns als Männer und Frauen, also verschieden, geschaffen hat. Worin liegt der Unterschied, und warum und wie sollen wir entsprechend leben?

Es ist tatsächlich wichtig zu wissen, daß wir verschieden sind, und die Unterschiede zu kennen, die von Gott gewollt sind. Denn erst dann können wir die Vorwürfe und Verständnislosigkeit aufgrund der Unkenntnis dieser Dinge beseitigen.

Gott hat uns aus dem Grund verschieden geschaffen, damit wir einander ergänzen und in Übereinstimmung (und nicht Verschmelzung) miteinander leben können.

Dabei ist keiner besser oder schlechter, stärker oder schwächer als der andere. Es sind zwei Geschöpfe, geschaffen nach dem Bilde Gottes, ein Sohn und eine Tochter des selben Vaters, die beide mit nur einer, einzigartigen Liebe geliebt werden.

Wir wollen hier keine Bibelauslegung betreiben, sondern lediglich einen schnellen Überblick über die wesentlichen Unterschiede und daher auch die verschiedene Berufung von Mann und Frau im Plan Gottes geben.

Unsere gemeinsame Berufung ist die Liebe. Wenn wir die hebräische Wurzel der Wörter *Mann* und *Frau* betrachten – worauf wir hier nicht eingehen wollen –, kommt der Ruf Gottes und der jeweilige Platz der beiden sehr deutlich zum Vorschein.

Der Mann, der zuerst geschaffen wurde, verfügt über einen Leib und einen Geist, die zum Kampf und zur Eroberung der Erde ausgerüstet sind, damit er ihr Herr und König sein kann. Seine oberste Bestimmung ist priesterlicher Art. Als der Verantwortliche für den Kult und dessen Bürge erinnert er sich und die anderen an alles, was von Gott kommt. Er ist zugleich Treuhänder der Macht und der Tat, während seine Frau mehr für die menschliche Nähe und das Sein zuständig ist.

Zwar wurde die Frau vom Mann genommen, aber der Mann wird seinerseits aus der Frau geboren. Welche wunderbare Ergänzung von Beginn an! Wir brauchen einander.

Als zweite Eigenschaft besitzt der Mann Autorität. Sie ist eine Gabe Gottes und läßt wachsen, bewahrt und schützt, versorgt und gibt ihr Leben. Es ist die Bestimmung zum Hirten, für den Jesus, der Gute Hirte, das vollkommene Vorbild ist. Sein Leben lang muß der Mann gegen die Verirrungen dieser seiner Autorität kämpfen, aber mit Liebe.

Aus der Autorität entspringen zwei weitere Gnaden. Zum einen die Gnade, das Gesetz, das göttliche Wort und die Gebote zu bewahren und weiterzugeben, zum anderen die Gnade der Namengebung. Dadurch daß der Mann einen Namen gibt, hat er die «Macht», etwas ins Dasein zu rufen. Wie viele junge Leute lehnen das

Leben ab, weil sie von ihren Vätern nicht anerkannt, nicht «genannt» wurden: «Mein Vater, der schaut mich nicht mal an!»

Was für eine schwere Aufgabe! Glücklicherweise hat Gott aber gesagt: *«Es ist nicht gut, daß der Mensch allein sei»* (Gn 2, 18), und gab ihm in seinem Erbarmen eine Hilfe, eine kräftige Unterstützung, eine Gesprächspartnerin, der im Buch Genesis die allerersten Worte des Mannes gelten sollten: *«Das endlich ist Bein von meinem Bein und Fleisch von meinem Fleisch!»* (Gn 2, 21)... meine «bessere Hälfte»!

Heute leiden viele Menschen unter dem Verlust ihres wahren Wesens. Dazu das Zeugnis von Martina:

> «Ich war nie sehr weiblich. Ich war eher so etwas wie ein "mißratener Junge" und immer in Abwehr, wenn ein Junge Annäherungsversuche machte. Und das um so mehr, als meine Mutter mir immer sagte, ich solle mich vor den Männern hüten und ihnen nicht trauen.
>
> Als ich Hervé begegnete und sogar das Gefühl hatte, daß ich ihn liebte, konnte ich das einfach nicht annehmen, es aber noch weniger ausdrücken. Bis ich eines Tages ein Buch las: *"Die priesterliche Frau."*[1] Darin entdeckte ich, daß ich dazu berufen bin, sowohl Tochter als auch Frau und Mutter zu sein. Zum ersten Mal begriff ich, wie schön die Berufung ist, eine Frau zu sein, und wie falsch das Bild war, das ich mir davon gemacht hatte. Ich lernte, meine Weiblichkeit zu schätzen.

1 Siehe Anhang

> Welch eine Gnade, am richtigen Platz zu stehen, so wie Gott ihn für mich und für jede Frau bestimmt hat! Welch eine innere Heilung, mit dem Psalmisten sagen zu können: *"Ich danke dir, Herr, daß du mich so wunderbar geschaffen hast"* (Ps 139, 14).
>
> Seither fühle ich mich wohl in meiner Haut. Ich lerne, Hervé zu lieben und mich von ihm lieben zu lassen.»

Die Frau ist Gottes «Komplizin» beim Mann, um ihn ständig daran zu erinnern, daß er nur durch eine Liebesbeziehung und nichts anderes zur Vollendung gelangen kann, weder durch Macht noch durch Besitz. Genau aus diesem Grund sagen so viele Männer, ihre Frau sei niemals zufrieden! In ihr steckt eine Unzufriedenheit, die sie von Gott als Aufgabe bekommen hat: Sie soll den Mann daran erinnern, daß Gott am wichtigsten ist.

Sicher ist die Frau zart, aber sie ist nicht schwach. Ihr Leib bereitet sich ständig auf die Weitergabe des Lebens vor, und wenn keine Befruchtung stattgefunden hat, läßt er es wieder zugrunde gehen. Darin liegt eine bleibende Ursache ihrer Empfindlichkeit, die zu plötzlichen Stimmungsumschwüngen führt. Die Frau ist ganz Liebe, und darum muß sie geliebt werden, noch bevor sie selbst liebt.

Wir sind hier weit entfernt von dem Mann, der nichts weiter wäre als eine «Vorstufe der Frau», und von der Frau als dem «schwachen Geschlecht».

Sind diese Unterschiede denn nicht eher belastend?

Nein, gar nicht. Man würde sich der ursprünglichen Gnade selbst berauben, wenn man diese Unterschiede einebnen wollte. Das würde zum Verlust des eigenen Wesens führen. Dadurch würde Gott aus unserer Mitte herausgenommen, und wir kämen überall ins Rutschen.

Der Mann, nach Gottes Plan Hirte und Beschützer, würde zum Beherrscher, zum Macho werden, er würde ein Angreifer, Schänder und Besitzer.

Die Frau, die eigentlich eine Gefährtin und unersetzliche Hilfe ist, würde aufgrund ihrer Sehnsucht nach Liebe zur Verführerin und schließlich zur Beherrscherin werden. Unsere heutige Zeit am Ende des 20. Jahrhunderts wird vergiftet von Befreiungsbewegungen für die Frau, nahezu geschlechtslosen Männern und Frauen sowie anderen «selbstmörderischen» Abweichungen von der Natur.

Was für eine wunderbare Möglichkeit ist es dagegen, zu erkennen und anzuerkennen, daß wir verschieden sind, weil Gott uns so gewollt und geschaffen hat, damit wir einander ergänzen und uns als Geschenk annehmen können. Den anderen so zu lieben, wie Gott ihn sieht und haben will. Auf diese Weise lernen wir, feinfühlig, aufmerksam und zuvorkommend zu werden.

Wenn wir es lernen, uns in unserer Verschiedenheit zu lieben, und zwar mit wahrer Liebe, dann heißt das, daß ich den anderen auch in dem liebe, was mir an ihm (oder ihr) wie ein Mangel, wie Schwäche oder Armut erscheinen mag. Es bedeutet nicht, daß ich mich selbst in dem anderen liebe, da wo er (oder sie) mir ähnlich ist und worin ich mich wiederfinde. Ebensowenig bedeutet es, ein Idealbild zu lieben, das ich mir von dem anderen mache, und ihn mit aller Gewalt dazu bringen zu wollen, sich diesem meinem Bild entsprechend zu ändern.

Ich versuche nicht, mit dem oder der Schönsten oder Intelligentesten zu gehen oder ihn (sie) zu lieben, um meinem Stolz zu schmeicheln und mein Vergnügen zu haben, auch nicht um einer gewissen intellektuellen Genugtuung willen oder um meine Eltern und Freunde zu beeindrucken. Nein, sondern ich nehme dich an und liebe dich so wie du bist.

Zum Beispiel?

Ja, seht, ich muß bedingungslos aus ganzem Herzen sagen können: «Ich liebe dich mit allem, wodurch du du, und niemand anders, bist. Mit deinen Händen in den Taschen oder deinen angekauten Fingernägeln, mit deinem ewigen Zuspätkommen oder deinen endlosen Ratschlägen. Mit deinem unordentlichen Aussehen oder deinem unrasierten Bart, Tennis oder Tanzen, deinen Pfadfindern oder Briefmarken, deiner Mutter oder Schwester und so weiter.»

«Ich mag es, daß du dich vor allem fürchtest und wegen jeder Kleinigkeit heulst, wenn du mit deinem weichen Herzen den harten Mann spielst, wenn du mir tausendmal dieselbe Geschichte erzählst usw.»

Und wenn sie nicht einmal einen Tisch tragen kann und du deswegen vor lauter Ärger die Nerven verlierst («Ach, du Niete, der ist doch nicht schwer!»), dann solltest du dich lieber freuen, daß du ihr als Mann helfen, daß du etwas für sie tun kannst – hier ganz offensichtlich mit deiner Kraft, so wie Gott sie dir gegeben hat.

Oder wenn sie sich mit lauter Kleinigkeiten aufhält, dann sei froh, daß du den Überblick hast. Aber höre auf das, was sie sagt, vielleicht hast du einen wichtigen Punkt vergessen! Du denkst und überlegst, sie dagegen ist einfühlsam. So ist es gut; ihr seid gemacht, um euch zu verstehen.

Paßt euch mit eurem Tempo aneinander an; die Liebe ist kein Dauerlauf. Wartet von jetzt an aufeinander, helft euch gegenseitig auf: Es ist so viel schöner, alles miteinander zu erleben und zu teilen.

Jeder von euch hat eine Aufgabe, die eurem jeweiligen Wesen entspricht. Ihr seid von derselben Art, da ihr Kinder desselben Vaters seid. Aber ihr habt verschiedene Fähigkeiten und Begabungen. Ihr seid gleich vor Gott, aber müßt einander ergänzen. In derselben Lage verhaltet ihr euch verschieden – wundert euch nicht darüber, denn so liegt es in eurem Wesen als Mann und als Frau, so ist es von Gott gewollt.

Und das berühmte Wort des heiligen Paulus: *«Ihr Frauen, seid euren Männern untertan»*, ist das auch von Gott gewollt?

Oh, dieses Wort ist wirklich wunderbar, wenn man das Zitat von Paulus bitteschön nicht verkürzt! Er hat nämlich gesagt:

> *«Ordnet euch einander unter, die Frauen ihren Männern wie dem Herrn. (...) Ihr Männer, liebt eure Frauen, wie auch Christus die Kirche geliebt und sich für sie hingegeben hat»* (Eph 5, 21-22, 25).

Da seht ihr, daß die Unterordnung von beiden gefordert wird. Das ändert alles. Der Mann und die Frau müssen jedoch ihren jeweils eigenen Weg der Heiligung, der Erlösung gehen, wenn sie, ihrem eigenen Ruf gehorchend, zur Heiligkeit gelangen wollen.

Die Frau erlöst durch ihre Unterordnung, so wie sie durch ihre Auflehnung zu Fall bringt.

Gott fordert Unterordnung von der Frau, weil sie die Stärkere ist!

Weil sie seit dem Sündenfall zur Beherrscherin geworden ist, muß sie sich unter-ordnen, in dem sie sich unter den Schutz des Mannes begibt und ihn berät oder um Rat fragt. Alle die Möglichkeiten, der ganze Reichtum, den sie zu verschenken hat – von manchen als weibliche Eingebung bezeichnet –, kann in die richtigen Bahnen gelenkt werden, wenn sie ihn dem Mann unterbreitet. Er ist der Hirte, der Autorität besitzt und die endgültige Entscheidung zu treffen hat.

Wenn die Frau ganz sie selbst ist, verpflichtet sie den Mann, er selbst zu sein.

Zugleich und im Zusammenhang damit soll der Mann seine Frau lieben, *«wie Christus die Kirche»*. Auch das ist ein wunderbares Programm! Wer von beiden ist mehr zu beneiden? Keiner. Denn der Anspruch ist an beide gleich hoch und berücksichtigt ihre jeweilige seelische Veranlagung, ihr tiefstes Wesen.

Nicht weil der Mann weniger liebte, wird ihm geboten zu lieben, sondern weil er das geringere Bedürfnis hat, es zu zeigen. Und sein Bestreben, erlösend zu wirken, muß bis zur vollständigen, rückhaltlosen Selbsthingabe, ja notfalls bis zur letzten Gabe, der Hingabe des eigenen Lebens, gehen.

Was ist, wenn unsere Verschiedenheit zu einem Hindernis wird und zum Streit führt; was sollen wir dann tun? Ist das nicht ein Zeichen, daß wir uns nicht mehr lieben?

Nein. Zwar hattet ihr am Anfang eurer Bekanntschaft vielleicht die Gnade, daß ihr euch in allem gut verstanden habt und dieselben Meinungen und Standpunkte teiltet. Aber dann ist es gut, wenn die Liebe sehr bald tiefer wird und man lieben lernt, auch wenn man mit dem anderen nicht einverstanden ist. Denn ihr seid zur (heilsamen) Gemeinschaft berufen, nicht zur Verschmelzung... die zu einer heillosen Verwirrung führt!

Ein humorvoller Geistlicher hat einmal gesagt: «Nun sind die beiden eins geworden – fragt sich nur, welcher...» Und jemand anders stellte fest, Jesus habe nicht gesagt, der eine solle den einen lieben, oder der andere den anderen. Sondern klar und deutlich: *Liebt einander* – also einer den anderen!

Der andere ist kein Gegner oder Feind. Eine Ehe ist kein Tennisplatz oder ein Boxring. Das Leben zu zweit ist kein Wettkampf nach Punkten mit dem Ziel, durch möglichst viele Treffer ein k.o. zu erreichen – chaotisch wäre das!

Nein, gerade andersherum, die Ehe ist, um beim Tennis zu bleiben, ein gemischtes Doppel, in dem man zusammen, als Partner, nicht als Gegner, spielt und den guten Kampf kämpft, den Kampf des Glaubens (vgl. Tim 1, 18), und zwar nicht um eine vergängliche, sondern eine unvergängliche Krone (vgl. 1 Kor 9, 25).

Eine exklusive Nachricht

Wie ihr wißt, haben wir die (gute oder schlechte) Angewohnheit zu behaupten, die Vereinigten Staaten seien uns stets um zehn Jahre voraus, im Besten wie im Schlimmsten. Das kann man in der Tat häufig bestätigen. In unserem Fall sind wir froh, euch folgendes mitteilen zu können: In Pennsylvania hat ein Regierungsausschuß Zuschüsse für solche Einrichtungen gewährt, die gegen Aids und Geschlechtskrankheiten sowie andere, die Jugend in ihrer Gesundheit und in ihrem Sozialverhalten gefährdende Probleme die Keuschheit als Lösung vorschlagen!

Es gibt kein Schicksal, ihr habt die Wahl. Glücklicherweise kann man sich durchaus lieben, ohne deswegen zum Geschlechtsakt zu kommen.

Laßt euch von den Medien, der Werbung und all den Verbreitern von gemeinen Lügen nicht mißbrauchen. Sie wollen seelenlose Roboter aus euch machen, die ausschließlich von ihren Leidenschaften und fleischlichen Trieben beherrscht werden. Ihr seid frei, so bleibt es auch! Freiheit besteht nicht darin, zu tun, was man will, sondern zu wollen, was man tut, und zwar in vollem Bewußtsein, in Reife, Wahrheit und Verantwortung.

Man muß nüchtern bleiben, wir haben doch die Statistiken!

Ja, es stimmt, daß in Frankreich 76% der Jugendlichen unter 18 Jahren schon sexuelle Beziehungen hatten. Es stimmt, daß nur 2,5% der Achtzehn- bis Fünfundzwanzigjährigen noch jungfräulich sind. Es stimmt auch, daß 72% der Gymnasiasten für die Bereitstellung von Verhütungsmitteln an ihrer Schule sind! Trotzdem müßt ihr wissen, daß die Verhütungsmittel in 25% der Fälle wenig oder gar nicht verläßlich sind (übrigens wegen falscher Anwendung). Es ist zudem eine traurige Tatsache, daß jährlich weltweit 55 Millionen Abtreibungen, also Morde, geschehen und daß sich 60% der Eheleute nach den ersten fünf Jahren aufgrund einer Schwangerschaft scheiden lassen. Wir wollen gar nicht erst reden von den täglich in schwindelerregender Weise exponentiell ansteigenden Zahlen von Aids, Geschlechtskrankheiten und gesetzlich erlaubten Schwangerschaftsabbrüchen. Hören wir lieber mit der Nennung all dieser leider zutreffenden, traurig wahren Zahlen auf.

Wenn das die Wirklichkeit ist, dann sind wir also gar nicht richtig frei?

Doch. Denn neben dieser Wirklichkeit gibt es *die Wahrheit*: Ihr seid frei! *«Ihr seid zur Wahrheit berufen»* (Gal 5, 13).

Papst Paul II. sagt: «Die Stimme der Mehrheit ist nicht notwendigerweise auch die Stimme der Wahrheit.»

«Ich bin 20 und immer noch Jungfrau, ich bin eine Niete.» Oder: «Wir kennen uns seit einem Jahr und haben noch nie miteinander geschlafen. Wir sind Versager», das sagte Evelyne zu uns. Nein! Ihr seid Helden von heute, ihr gehört zu den Zeugen, die die Welt nötig hat!

Gott hat euch als Geschlechtswesen geschaffen, er wollte euch als Mann und Frau, und die Geschlechtlichkeit ist eine Gottesgabe. Sie ist etwas sehr Gutes, man darf sie nicht schmälern oder schmähen. Wenn ihr sie in rechter Weise, nach Gottes Absichten, nutzt, wird sie euch zur Gesundheit, zum Glück und sogar zur Heiligkeit gereichen.

Eure Geschlechtlichkeit kann beherrscht werden! Das ist der Unterschied zwischen Mensch und Tier.

Die Keuschheit ist wie die Treue eine Option, etwas freiwillig und frei Gewähltes. Sie zeigt sich in einer Art «Hygiene» des Geschlechtslebens und entspricht einem sachgerechten Verständnis und einer guten Nutzung eurer Geschlechtlichkeit, wie Gott sie zu eurem größeren Wohl gewollt hat. Gott fordert von uns jedoch nie etwas Unmögliches!

Im Klartext: Keuschheit besteht unter anderem darin, sich außerehelicher sexueller Beziehungen zu enthalten. Und das ist möglich! Lest noch einmal das Zeugnis am Anfang. Wenn sie es geschafft haben, warum ihr dann nicht auch?

Wir sind doch nicht aus Holz!

Stimmt, ihr habt recht. Die beiden aber auch nicht. *«Der Geist ist willig, aber das Fleisch ist schwach»* (Mt 26, 41). Das muß anerkannt werden können. Vor allem soll man sich nicht für stärker oder schlauer als die anderen halten, nach dem Muster: «Das kann uns aber nicht passieren!»

Die christliche Reinheit besteht – im Gegensatz zur heidnischen Moral oder den fernöstlichen Religionen – weniger darin, den Verstand über den Instinkt herrschen zu lassen (durch Methoden wie Joga oder Zen, in denen der Leib verachtet wird, um ihn besser beherrschen zu können). Sie besteht vielmehr darin, Christus über die ganze Person herrschen zu lassen, über Verstand *und* Instinkt. Er ist bei uns zu Hause, lassen wir Ihn zum Zuge kommen!

Die christliche Reinheit beruht also nicht auf der Verachtung des Leibes, sondern im Gegenteil auf der großen Wertschätzung seiner Würde: *«Verherrlicht Gott in eurem Leibe»* (1 Kor 6, 10).

Wir gehören nicht nur *zu* Christus als seine Sache oder sein Besitz, wir sind sogar der *Leib Christi, seine eigenen Glieder*! Auf deutsch: Wenn ich etwas unreines tue, besudle ich den Leib Christi, Gott selbst...

Papst Johannes Paul II. hat zur Jugend gesagt:

> «Die Vereinigung der Leiber ist seit eh und je die stärkste Sprache, mit der zwei Wesen zueinander sprechen können. Eine solche Sprache, die mit dem Geheimnis von Mann und Frau zu tun hat, verlangt daher, daß die Geste der Liebe nie vollzogen wird, ohne daß zugleich die vollkommene, endgültige Verantwortung füreinander gewährleistet ist und die Verpflichtung dazu öffentlich in der Eheschließung übernommen wird.»

Gerade weil es sich um die «stärkste Sprache» handelt, ist es – für die Liebe – lebenswichtig, daß sexuelle Beziehungen vor der Hochzeit ausgeschlossen sind.

Also ist Sex vor der Hochzeit schlecht und nachher gut?

Ganz und gar nicht. Die Geschlechtlichkeit ist keine Sünde, die im Rahmen der Ehe aber zugelassen und gesetzlich erlaubt wäre! Die Geschlechtlichkeit ist ein Geschenk Gottes, und alles, was Gott macht, ist schön und gut, sogar *«sehr gut»* (Gen 1, 31).

Die Verlobungszeit soll den unersetzlichen Rahmen bieten, in dem diese innige Beziehung in Enthaltsamkeit und Reinheit heranreifen kann, damit sie zu einer Sprache wird.

Wenn eure einzige Sprache sofort der Geschlechtsakt ist, habt ihr gar keine andere Verständigungsmöglichkeit mehr! Das bestätigen auch Thierry und Helene:

> «Wir sind seit über zehn Jahre verheiratet. Erst vor kurzem haben wir entdeckt, daß das Seelische das Wichtigste ist. So hatten wir bisher allerdings nicht gelebt, denn wir hatten von Anfang an sexuelle Beziehungen, weil wir uns von ihnen die Fülle der Gemeinsamkeit und ein Heilmittel für unsere Verständigungsschwierigkeiten erhofften. Aber nach zehn Jahren hatten wir noch genausoviel Mühe, dieselbe "Wellenlänge" zu finden. Darum entschlossen wir uns dank der Gnade, eine Weile enthaltsam zu bleiben, um eine wahre, tiefere gemeinsame Sprache zu entdekken. Wir versichern euch, es gibt, wie es in der

Reklame heißt, ein Vorher und ein Nachher, und das ändert alles! Danke, Herr!»

Wer seinen Leib schenkt, muß sich zuvor voll und ganz in der *Wahrheit* hingegeben haben, das ist unbedingt nötig. Daran erinnert auch Johannes Paul II., wenn er sagt: «Das Geschenk des Leibes würde eine Lüge sein, wenn es nicht ein Zeichen und die Frucht der völligen Hingabe der Person wäre», und zwar durch das Ehesakrament.

Das ist nicht wahr! Wir lieben uns doch und müssen uns das auch sofort zeigen!

Ja, aber nicht auf diese Weise. Laßt uns nicht überheblich sein, sondern anerkennen, daß Gott Gott ist und besser weiß als wir, was für uns gut ist.

In der «Gebrauchsanweisung», seinem Wort, sagt uns Gott: *«Wie hält der junge Mann seinen Pfad rein? Wenn er sich hält an dein Wort!»* (Ps 119, 9). Gott hat an alles gedacht, und das ist selbstverständlich, denn Er hat uns gemacht. Er weiß, woraus wir gemacht sind!

Wir wollen nicht vergessen, daß die Kirche, wie Papst Johannes Paul II. sagt, Fachkraft in Fragen der Menschheit und zugleich Mutter der Menschen ist: Sie liebt ihre Kinder, kümmert sich um sie, beschützt sie, will ihr Glück, nimmt Anteil an ihnen und teilt mit ihnen Freude und Leid. Gern würden wir von ihr in Ruhe gelassen werden, doch *«selbst wenn eine Mutter ihr Kind vergäße, ich vergesse dich nicht»* (vgl. Jes 49, 15).

Ziemlich dreist von euch, den Papst und die Kirche in Sachen Liebe und Sex zu zitieren! Sie verste-

hen doch gar nichts davon, weil sie es nicht selbst erleben.

Das ist die übliche Reaktion! Muß man denn unbedingt alles selbst erlebt haben, um davon reden zu können und gehört und angehört zu werden? Begnügt euch nur nicht mit den einseitigen, verfälschten Teilinformationen, wie sie euch die Medien vorsetzen.

Beweist doch Neugier und Mut, ja intellektuelle Redlichkeit und lest selbst *Familiaris Consortio, Humanae Vitae* und alle die anderen Texte über die Liebe, das Leben und die Familie. Ihr werdet überrascht sein zu lesen, wie weit die Medien mit ihren Aussagen vom Denken und sogar von den wirklichen Worten der Verfasser entfernt sind.

Aber es gibt nichts Neues. Selbst Jesus war – bis zum Kreuz – ein Opfer der lügenhaften, verzerrten Auslegung seiner Worte, der *Wahrheit*! Lest nach in Johannes 2, 19: *«Jesus antwortete ihnen: Reißt diesen Tempel nieder, in drei Tagen werde ich ihn wieder aufrichten.»* Beim Prozeß gegen Jesus behaupten falsche Zeugen jedoch: *«Wir haben ihn sagen hören: Ich werde diesen von Menschen erbauten Tempel niederreißen und in drei Tagen einen anderen errichten, der nicht von Menschenhand gemacht ist»* (Mk 12, 58). Jesus wird der Gotteslästerung angeklagt, verurteilt und getötet... Machen es die Medien nicht manchmal ebenso?

Warum glaubt ihr, hat Papst Johannes Paul II. bei Jugendlichen so viel Erfolg? Weil er sie enttäuschte? Sie nicht verstünde? Oder ihnen verböte, sich zu lieben?

Er nervt uns. Auch wenn wir im Grunde sehr wohl spüren, daß er recht hat. Aber das schafft doch keiner! Alle haben außereheliche Beziehungen!

Ja, und? Die Welt belügt euch und hält euch für unvernünftig, dumm und unselbständig. Man macht sich über euch lustig, ihr werdet betrogen und eingewickelt. Hier einige Beispiele, die euch die Augen vielleicht öffnen für all die Ungeheuerlichkeiten, die man euch zu schlucken gibt.

Lest die Werbesprüche! Sie verraten immer, wie gerade gedacht wird, sie offenbaren den Zeitgeist und die Täuschung der Lüge.

Was vor Jahren für euch Jungen und Mädchen noch galt, um «in» zu sein, und bei den Filmstars bewundert wurde: Alkohol, Tabak, Drogen und so weiter, das ist heute alles zum Laster geworden, ist ein Fehler, etwas unmögliches.

Also haben wir in Frankreich jetzt Werbefeldzüge mit flotten Sprüchen gegen Alkohol und Tabak. Eine Warnung vor Drogen lautet: «Erst hat man sie, dann hat sie einen.» Auf den Zigarettenschachteln in Deutschland steht: «Rauchen schadet Ihrer Gesundheit. Der Bundesgesundheitsminister.»

Alle diese knappen Aussagen sollen euch aufhorchen lassen. Durch logisches Vorgehen wird euch, teilweise mit Humor oder Ironie, vorbuchstabiert, daß ihr schlapp seid, wenn ihr euch von der Zigarette, dem Alkohol oder der Droge versklaven laßt.

Was dagegen eure Sexualität angeht, da gibt es nur eine Lösung: das preiswerte Kondom, das Präservativ, übersetzt *Schutz gegen...* Entscheidet ihr euch besser *für* den Schutz: den Schutz eurer Keuschheit und Reinheit!

Ebenso wird euch die Abtreibung als «Heilmittel» aufgeschwatzt, wenn nicht sogar aufgezwungen. Sollte «Schwangerschaft» etwa eine neue Krankheit sein, da die Abtreibung von den Kassen gezahlt wird?

Aber wir können nichts dagegen tun!

Das meint ihr. Ihr erniedrigt euch selbst zu Objekten, zu willenlosen Marionetten, sobald es unter die Gürtellinie geht. Ihr seid doch viel mehr wert! Wir können und wollen nicht glauben, daß ihr immer nur «an das eine» denkt.

So solltet ihr also imstande sein, das Rauchen, Trinken oder den Drogenkonsum aufzugeben, aber nicht, den Geschlechtstrieb zu beherrschen? Die Sexualfunktion ist keine Vitalfunktion. Wir wollen die Geschlechtsorgane doch nicht mit den Verdauungsorganen verwechseln! Man kann nicht lange leben, ohne zu essen, aber man kann sehr gut und sehr lange leben, ohne von der Sexualität Gebrauch zu machen.

Demnach wären Ordensleute und andere geweihte Personen «Untermenschen», frustriert und verklemmt, denen eine Vitalfunktion fehlte?

Wir hörten von einem Jugendlichen die folgende Überlegung: «Wenn ich nicht heirate, dann müßte ich für immer darauf verzichten? Da würde ich ja eingehen.»

Seht euch einmal die Todesursachen genauer an. Wir sind ganz sicher, daß ihr keinen einzigen findet, der an zuviel Keuschheit gestorben wäre. Wie viele sterben dagegen an zu viel Geschlechtsverkehr, oder verderben sich zumindest ihr Leben damit.

Schätzt euch nicht so gering, daß ihr die Widerstandsfähigkeit eures Willens oder die Freiheit, die euch bleibt, unterschätzt. Gebraucht diese Freiheit, und sei es nur, um dem Herrn euren guten Willen zu zeigen.

Die heilige Therese von Lisieux hat einmal gesagt (und zitierte damit die Teufel): «Wir gelangen an jedes Ziel, nur der gute Wille, dieser Hund, ist unbesiegbar!» Und sie schloß: «Dieses Hündchen, das hilft uns aus allen Schwierigkeiten und bringt uns schließlich ins Paradies!»

Eine vielversprechende Zeit

Nichts dürfen wir!

Keineswegs. Diese Zeit des Suchens nach eurer Berufung, nach eurem Lebensstand, besteht durchaus nicht aus einer Reihe von Verboten, die man euch armen, frustrierten unverstandenen Jugendlichen dummerweise aufzwänge und denen man nicht einmal erlaubte, sich zu lieben. Ganz und gar nicht!

Diese Zeit hat im Gegenteil etwas «Zukunftweisendes» an sich, in dem Sinn, daß ihr jetzt schon erlebt und vorwegnehmt, was euch später auf alle Fälle in mehr oder weniger langen Zeitabschnitten bevorsteht. Alles hat seine Zeit. Verderbt eure Jugendzeit nicht.

Sagt uns also, was erlaubt ist!

Die Verlobungszeit besteht nicht aus einem ständigen Wechsel von Verbotenem und Erlaubtem. Sie ist auch keine «verlorene» Zeit oder eine «no man´s time», die man eben durchstehen und mit aller Macht bewältigen müßte. Nein, sie gleicht einem Sprungbrett, einem Durchlaß oder einer Übergangszeit im Sinn eines

«Schon jetzt» und «Noch nicht». Es ist eine sehr vielversprechende Zeit.

Diese Monate dürfen aber nichts Gesetzliches an sich haben, so daß man mit den Anstandsregeln in der Hand herumliefe und sich fragte, wie weit man denn gehen dürfe! Alle Freude und Unbeschwertheit würde dahin sein.

Sagt euch lieber, wie der heilige Paulus: *«Alles ist mir erlaubt, aber nicht alles nützt mir»* (1 Kor 6, 12).

Und was heißt das nun im Einzelfall?

Das heißt, daß eure Beziehung schon mehr ist als Freundschaft, aber noch kein Eheleben. Es ist eine Gründungszeit, in der ihr euer Herz «erweitert» und den Unterbau für euer zukünftiges Heim schafft.

Man muß zugeben, es ist eine ungewisse und ungemütliche Zeit, weil nicht von ewiger Dauer. Aber es ist zugleich eine Zeit der Sehnsucht, in der ihr euch darauf vorbereitet, eurer Berufung zur Ehe zu folgen. Gott läßt euch Tag für Tag seinen Liebesplan erkennen.

Diese Zeit gleicht eher einem Noviziat, einer Ausbildung und Reinigung. Sie hat nichts Endgültiges an sich. Ihr sollt vollkommen frei bleiben, euch wieder zu trennen. Aus diesem Grund gibt es übrigens keinen offiziellen Verlobungsritus. Nur einen Segen, sozusagen im stillen.

Vor allem nur keine Pauken und Trompeten, keine Einladungen – das kommt erst bei der Hochzeit, wenn ihr die Berufung dazu habt. Denn wo bliebe eure Freiheit, warum solltet ihr euch verloben, wenn die Verlobung schon wie eine Hochzeit gefeiert würde?

Nehmt euch Zeit, um zu lernen und euch besser kennenzulernen. Ihr bereitet euch vor. Es ist eine überaus geistliche Zeit der Betrachtung. Sie wird euch später nützlich sein. In keinem Fall ist es eine verlorene Zeit. Versucht aber nicht, ein paar Abschnitte zu überspringen!

Lebt von nun an in seelischer Einheit. Sie geht eurer leiblichen Einheit voraus und bildet ihre Grundlage. Schaut euch ein altes Paar nach der Goldenen Hochzeit an, alte Leutchen Hand in Hand, die sich lieben. Beneidenswert! Sie strahlen etwas Starkes, Tiefes aus: die Liebe ihrer Seelen.

Seid zärtlich miteinander, mit zarten gegenseitigen Aufmerksamkeiten, die sich bis in Kleinigkeiten zeigen. Ihr dürft euch auch sagen, daß euer Herz, in dem der Heilige Geist wohnt und wirkt, gleichsam ein Barometer ist, das euch zeigt, wie weit ihr gehen könnt. Einander lieben heißt auch, für den anderen Sorge tragen. Darum wird der Herr immer einen von euch nehmen, um dem anderen zu sagen, daß er zu weit geht: Es genügt, sich an die Gnade zu hängen... Aber ihr bleibt in euren Entscheidungen und in eurem Handeln frei. So wird die Verlobungszeit im allgemeinen nicht aufgefaßt!

Wenn ihr, zur Ehe berufen und schließlich verheiratet, eurem Glauben, dem Willen Gottes und der Lehre der Kirche treu und also frei bleiben wollt, werdet ihr einmal im Monat enthaltsam sein.

Macht euch darin kundig, was die Kirche hinsichtlich der Geburtenregelung lehrt. Sagt nicht von vornherein dazu nein: Die verantwortliche Mutterschaft und Vaterschaft ist etwas so Schönes. Ja, seid verantwortungsvoll.

Lernt euch kennen, wißt, wie ihr geschaffen seid. Es ist unbedingt nötig, daß ihr über Fragen wie Sexualität, Empfängnis, Verhütung, Abtreibung und so weiter gründlich Bescheid wißt.

Wie viele Jungen (und sogar Mädchen!) wissen nichts oder fast nichts über den weiblichen Zyklus?

Wie viele von euch sind sich der wirklichen Gefahren beim Geschlechtsverkehr bewußt, nicht nur im Hinblick auf Aids, sondern vor allem auf die seelischen Folgen?

Nehmen wir ein Beispiel: Ihr seid verheiratet, und aus irgendeinem Grund – Müdigkeit, die Regel, das Alter, oder der eine ist verreist – ist einer von euch zur Liebesvereinigung nicht in der Lage. Dann könnt ihr euch zurückerinnern an jene Glücksgefühle in eurer Verlobungszeit, als ihr euch Hand in Hand stundenlang liebhattet, mit wahrer, tiefer schöner Liebe. Darauf könnt ihr gelassen und in allem Frieden zurückkommen, einen Tag, eine Woche oder einen Monat, so lange wie nötig.

Sonst würdet ihr nämlich zu Fall kommen, weil euch die seelische Einheit als Bezugspunkt fehlte. Einen Tag, einem Monat oder ein Jahr könnt ihr vielleicht Widerstand leisten, dann aber die Geduld verlieren. Und die Versuchung, fremdzugehen, wird sich bis ins Innerste eures unbefriedigten Leibes bemerkbar machen – das alles nur, weil ihr versäumtet, euch ab sofort tief in der Liebe zu verwurzeln!

Das Geschenk der Jungfräulichkeit

Die Jungfräulichkeit ist das schönste Geschenk, das Innigste, Kostbarste, das ihr Gott oder eurem Ehepartner zu geben habt.

Die Jungfräulichkeit ein Geschenk?

Ja. Nehmen wir ein Beispiel. Es ist wie bei einem Kind, das sich ein Weihnachtsgeschenk gewünscht hat und, nachdem es die Mama Mitte November von ihren Weihnachtseinkäufen hat heimkehren sehen, den Schrank ausfindig macht, in dem sie die sehnlich erwarteten Geschenke sorgfältig versteckt hält.

Das Kind steht nun vor der Wahl: Es ist frei, entweder das Paket insgeheim auszuwickeln, das Geschenk zu betrachten und wieder wegzustecken. Am Heiligen Abend könnte das Kind dann in scheinbare Freude ausbrechen, die aber nicht mehr dieselbe sein würde. Oder es wartet geduldig bis zum 24. Dezember, mit wachsender Freude – übrigens auch bei seinen Eltern, da geben immer mehr Freude macht als nehmen –, und es kann das Geschenk am Ende wirklich bestaunen. Dann, und nur dann ist seine wie auch die Freude seiner Eltern vollkommen. Mit Gott ist es das gleiche.

Bewahrt euch eure Jungfräulichkeit, ihr Jungen und Mädchen, bewahrt sie voll und ganz: sowohl die der Seele als auch des Leibes. Aber nicht mit einem Gummi oder anderen Mitteln oder Folter- und Mordwerkzeugen, die man zur «Liebe ohne Streß» anpreist. Dieser Spruch lügt, in Wirklichkeit bringt das alles nur Streß ohne Liebe.

Jede körperliche Beziehung wirkt prägend, sie hinterläßt im Leib und in der Seele ein unauslöschliches Mal. Man spielt nicht mit dem Leib, weder dem eigenen noch dem des anderen.

In der wahren Liebe kann es nicht darum gehen, sich vor dem anderen zu bewahren, denn in ihr gibt man sich vollständig hin.

Beim Akt der körperlichen Liebe kommt es zur Gemeinschaft von Leib und Seele. Wie kann man sich in einer Gemeinschaft bewahren wollen? Schon die beiden Begriffe sind einander entgegengesetzt, sind Widersprüche. Man bewahrt sich vor dem anderen, vor den möglichen Folgen seines Tuns. Das ist alles andere als Liebe, es bedeutet Erstarrung, Furcht, Lüge, Selbstsucht und Verantwortungslosigkeit.

Nein, was eigentlich bewahrt, geschützt, gehegt und gehätschelt werden muß, das ist eure Anständigkeit, eure Reinheit: *Gott selbst*!

Man kann seine Liebe auch anders als durch die körperliche Vereinigung beweisen; sonst wären behinderte oder alte Menschen ja für immer von der Liebe ausgeschlossen. Geht hin und sagt ihnen, sie liebten sich nicht «wirklich» – dann werdet ihr schon sehen!

Es ist ein Kampf, der Kampf um die Reinheit. Aber ihr seid nicht allein. Andere haben schon vor euch gekämpft: Seht euch nur alle die um ihrer Jungfräulichkeit willen getöteten heiligen Märtyrer an wie Cäcilia, Perpetua, Maria Goretti und andere, oder heute noch im Libanon, in Zaire oder Bosnien. Oder seht die an, die gekämpft haben, um den Ausschweifungen zu entrinnen, wie Maria Magdalena, Augustinus oder Charles de Foucauld.

Der Sieg ist ein für allemal errungen. Ihr müßt ihn euch zu eigen machen, er gehört euch! Und wenn ihr wieder zu Fall kommt: Er ist da, Jesus, die verhöhnte, beschmutzte und gefolterte *Liebe*. Er kennt keine andere Rache als die *Liebe*. Das ist seine einmalige Antwort.

Wie kann man in Reinheit leben?

Vor allem darf man nicht in eine Reinheit verfallen, die aus Furchtsamkeit, Tabus und Verboten besteht, aus einer Flucht vor dem Mann oder der Frau, so als wäret ihr füreinander immer und unausweichlich eine Falle oder ein möglicher Feind – statt einander eine Hilfe zu sein, wie Gott es gewollt hat.

Mit der Hilfe des Heiligen Geistes in uns müssen wir nach einer Reinheit streben, die stärker ist als das entgegengesetzte Laster. *«Selig, die reinen Herzens sind, denn sie werden Gott schauen»* (Mt 5,8), und *«die Liebe deckt eine Menge Sünden zu»* (1 Petr 4, 8).

Ja, die reinen Herzen werden Gott schauen, das heißt sie bekommen einen neuen, klaren Blick, um Gott in der Welt zu sehen und das Schöne vom Häßlichen, das

Wahre vom Falschen und das Leben vom Tod zu unterscheiden.

Es ist ein Kampf, und wer Kampf sagt, meint auch hilfreiche Maßnahmen, Entschlüsse und Verpflichtungen, um nicht in krankhafte und unfruchtbare Abtötung zu geraten, sondern entsprechend dem Bibelwort zu handeln: *«Wenn ihr durch den Heiligen Geist die (sündigen) Taten des Leibes tötet, werdet ihr leben»* (Röm 8, 13).

Könnt ihr uns bestimmte Maßnahmen nennen?

Es fängt ganz einfach schon damit an, sich selbst kennenzulernen, so wie Gott mich gewollt und gemacht hat, aber auch in meinen natürlichen Neigungen und meinen Versuchungen, wodurch ich ich bin, und niemand anders.

Mir meiner Sinnlichkeit bewußt werden, der Anziehungskraft des Leibes auf mich, meiner Schüchternheit, meines Charmes, schwachen Willens und so weiter, kurz alles dessen, was mein affektives Ich ausmacht. Ohne es mir zu verbergen, es zu beschönigen oder schlimmer zu machen.

Wenn man das alles kennt, und sei es nur teilweise, dann ist es wichtig, vor dem anderen von Anfang an «Farbe zu bekennen», ohne ihn vor den Kopf zu stoßen, ohne Bosheit, sondern aus reiner Ehrlichkeit: «Weißt du, ich bin ehrlich mit dir. Ich liebe dich, und ich möchte diese Liebe wirklich rein leben. Ich will mich für die Ehe bewahren, aber ich bin schwach wie du. Darum hilf mir bitte.» Daraus ergeben sich dann die notwendigen Entscheidungen und Maßnahmen, die beide zusammen finden müssen, da jedes Paar einmalig ist.

Zögert auch nicht, euch auf euren «gesunden Menschenverstand» zu stützen, denn den habt ihr alle. Wer könnte von sich sagen, daß er es durchaus nicht merkte, wenn die eine oder andere Haltung fehl am Platz ist? Unsere Vorfahren hatten nicht so unrecht, wenn sie sagten: «Im Zweifelsfall tue es nicht.»

Wie soll man sich küssen? Auf den Mund?

Es ist selbstverständlich nicht verboten, euch zu küssen, nicht einmal auf den Mund! Aber auch in dieser Beziehung sind wir überzeugt, daß ihr selbst zwischen einem keuschen Kuß, der voller Frieden ist und Frieden bringt, und einem «tiefen» Kuß unterscheiden könnt (den die Amerikaner «French kissing» nennen). Das ist schon fast ein «sexueller», «vorbereitender» Akt, oder jedenfalls einer, der nach einer Fortsetzung verlangt...

Als Abwechslung die folgende Geschichte:

> Eine Ehefrau, die gerade ihr dreizehntes Kind erwartet, sucht ihren Frauenarzt auf. «Herr Doktor, mein Mann und ich, wir lieben Kinder, aber jetzt sind wir schon über ein Dutzend hinaus, vielleicht sollten wir aufhören. Hätten Sie nicht zufällig ein Mittelchen, aber kein verhütendes, kein abtreibendes, irgend etwas harmloses, das mit der Lehre der Kirche vereinbar ist – kurz, ein billiges und sicheres Mittel?»
>
> «Ja sicher, ich habe etwas für Sie.»
>
> «Oh, wirklich?»
>
> «Ja, sehr einfach und preiswert: eine Tasse Tee bei jedem Beischlaf.»

«Ach, Tee! Nimmt man den vorher, nachher oder währenddessen?»

«Stattdessen, gute Frau!»

Eine gute Geschichte! Aber ihr sagt, jedes Paar sei einmalig, daher hat jedes auch seine eigenen Maßnahmen. Gibt es denn auch «Konstanten»?

Ja, besonders was die Keuschheit betrifft, aber auch hinsichtlich des Orts, der Dauer und der Häufigkeit der Verabredungen.

Es ist nicht gleichgültig, wo man sich trifft, und zu «anregende» Orte müssen untersagt werden. Ebenso auch zu abgeschiedenen Örtlichkeiten wie Autos oder Zimmer, wahre «Fallen», die schon an sich genügen, um die Versuchung zu steigern.

Auch hinsichtlich der Dauer und der Häufigkeit der Verabredungen muß eine gewisse «Wendigkeit» gefordert werden, damit man sich rechtzeitig daran erinnern kann, daß es «Zeit wird....», bevor es zu spät ist! Beatrice macht uns das in ihrem Zeugnis recht deutlich:

> «Wir kannten uns drei Wochen. Es wurde nur geflirtet, sonst nichts. Eines Abends in seinem Auto hatte ich dann weder die Zeit noch den Mut, nein zu sagen: alles ging sehr schnell, keiner war mehr Herr der Lage oder seines Leibes, so als ob etwas stärker war als wir, eine Art Schwindel...
>
> Er brachte mich nach Hause. Als ich allein in meinem Zimmer war, habe ich geweint und mich wie ein Versager gefühlt, ausgeleert und schmutzig...

> Wir haben jedoch nie darüber gesprochen, und wenn wir "es" wieder tun, um ihm einen Gefallen zu tun, sage ich nichts, aber ich leide. Ich bin mit dem Herzen nicht dabei.»

Eine solche Tragödie – und es ist wirklich eine – kann vermieden werden, wenn man sich rein hält.

Was versteht ihr unter «Reinheit»?

Reinheit und Schamgefühl sind eng verwandt, es bedeutet Achtung vor sich selbst und dem anderen, die sich in einem gewissen Lebensstil ausdrückt. Denn es gibt nicht nur eine Jungfräulichkeit des Leibes, sondern auch der Seele. Die Welt von heute macht sich über ein solches Schamgefühl lustig und verletzt es in euch allen. Denn sie bringt es so weit, daß ihr euch einer Sache schämt, auf die ihr stolz sein und eifersüchtig achten solltet.

Wir wollen nur einen Bereich der Reinheit betrachten; das Evangelium sagt, *das Auge sei das Licht des Leibes* (vgl. Lk 11, 34 und Mt 6, 22), oder das Fenster der Seele. Wenn man diesen Vers auf unsere Zeit überträgt, kann man das Auge mit einer Videokamera oder Videoüberwachung vergleichen.

Denn sobald sich das Auge öffnet, nimmt es ununterbrochen alles auf, was wir sehen, also unendlich viel mehr als wir bemerken.

Es merkt sich wirklich alle reinen oder unreinen Bilder, die wir ihm vorsetzen, ohne eine Auswahl zu treffen, wie bei einem Kameraschwenk. Für einen Fernsehbericht macht man erst stundenlang Aufnahmen und schneidet sie dann zusammen. Anders in unserer Seele! Was auf dem Film ist, bleibt darauf, und dann plötzlich, ob ich will oder nicht – bei der Danksagung nach der Kommunion, oder im Gespräch mit einem Jungen oder einem Mädchen – wird die gegenwärtige Szene überlagert von den Aufnahmen, die ich gesehen habe und die mich verwirren oder beeinflussen. Und meine Freiheit ist weg.

Man sieht oder liest nicht unbeschadet alles mögliche, und genau so wirkt jede körperliche Beziehung prägend (buchstäblich!): Wie alles, was wir als Bilder speichern, prägen sich in unsere Seele, in das Gedächtnis und in die Phantasie ein. Es geht also darum, daß ihr bei der Lektüre und den Filmen auswählt, mutig und manchmal sogar heldenhaft! Das wird euch nur um so freier und glücklicher sein lassen.

Schon wieder Entscheidungen!

Ja, das Leben besteht nun einmal aus Entscheidungen, ob man will oder nicht. Dabei ist zweierlei zu berücksichtigen: sehen und gesehen werden. Beides erfordert Reinheit, Schamgefühl und Keuschheit.

Wie sehe ich die Vertreter des anderen Geschlechts an, wie rein ist mein Blick? Das haben wir gerade erklärt. Aber es geht auch darum, wie ich mich den anderen zeige, wie ich mich kleide, ob ich aufreizend wirke. Man kann sehr wohl jemanden durch die Art seiner Kleidung oder sein Benehmen «vergewaltigen».

Unser ganzes Verhalten ist «kodiert». Jede Geste hat etwas zu bedeuten; aber hat der andere dieselbe Sprache, denselben Kode? An einem Beispiel erklärt: Bin ich mir der möglichen Wirkung meiner Hand auf die Seele und besonders auf den Leib meiner Verlobten bewußt, wenn ich ihr sanft und ohne Hintergedanken über das

Haar streiche? Vielleicht verursache ich damit einen Brand, den ich schleunigst wieder löschen muß – mit der Gefahr, selbst in Brand zu geraten.

Das gleiche gilt für die Kleidung. Es ist ein Irrtum oder eine Anmaßung zu sagen, wir seien doch nicht mehr in den fünfziger Jahren und man habe sich doch nichts mehr zu verbergen; man brauche ja nur ins Fernsehen zu schauen oder an den Strand zu gehen... Aber unsere sündige Natur hat mit der Entwicklung der Mode nicht Schritt gehalten! Wir sind und bleiben Sünder und Verletzte, und die Versuchung, wie Götter zu sein, ist durchaus nicht beseitigt, im Gegenteil.

Gewiß, zwischen dem «Adamskostüm» und der Rüstung der heiligen Johanna von Orléans muß ein Mittelweg gefunden werden. Eine gewisse Klugheit in solchen Fragen kann nie schaden. Ein Mindestmaß an Psychologie, Selbsterkenntnis und das Wissen, was den Mann und die Frau ausmacht, ist ebenfalls nötig.

Man muß zum Beispiel wissen, daß die Frau von ihrer Natur her weniger heftig in Versuchung kommt. Dafür weiß oder spürt sie sehr schnell die Grenzen, die nicht überschritten werden dürfen, wenn sie nicht die Kontrolle verlieren will. So hat sie die schwere Gnade und Aufgabe, auf die Reinheit zu achten und den Mut zum Neinsagen aufzubringen, damit die Liebe wachsen kann.

Aber der Mann steht ihr in nichts nach, da er sich schnell «erwärmt». Er ist, wie wir schon sahen, seiner Berufung nach ein Hirte. In dieser Eigenschaft muß er sich das Vertrauen seines «Schäfleins» verdienen, darauf achthaben und das in ihn gesetzte Vertrauen nicht mißbrauchen. Denn eine liebende Frau ist zu allem bereit, und zwar sofort und uneingeschränkt: «Ich will alles tun, was du willst. Ich will hingehen, wo du hingehst. Ich folge dir...» Wieder einmal sehen wir in der Verschiedenheit die wunderbare gegenseitige Ergänzung.

Und wenn wir auf die Nase fallen?

Gott ist dabei! Es ist immer eine Hand nach euch ausgestreckt, wenn ihr zu Fall kommt. Die Heiligkeit besteht nicht darin, nie zu sündigen, sondern darin, diese Hand immer wieder zu ergreifen und aufzustehen.

Denkt daran, es gibt einen KKD = «kirchlichen Kundendienst», den ihr rund um die Uhr, sieben Tage in der Woche, 365 Tage im Jahr in Anspruch nehmen könnt: in allen Beichträumen, Pfarrhäusern, Seelsorgezentren und anderen Orten, wo die unerschöpfliche Barmherzigkeit des *Vaters* fließt. Geht hin, das Personal ist amtlich zugelassen und versteht seine Sache. Kümmert euch dabei aber nicht um ihre Sünden, richtet sie nicht.

Das Wichtige dabei ist die Gesundheit, Schönheit und Reinheit eurer Seele, eures Herzens und eures Leibes: eure Freiheit! Denn unter der Herrschaft des Fleisches seid ihr nicht frei.

Die Katholiken haben außerdem noch alle die Altäre, auf denen sich jeden Tag in der Eucharistie Derjenige ausliefert, der die Quelle und der Gipfel jedes Christenlebens ist. Geht niemals davon ab, unter keinerlei Vorwand, auch dem frömmsten nicht. Haltet euch nie für zu unwürdig oder niedrig, um hinzugehen, denn das wäre Selbstmord!

«Wenn euer Herz euch verurteilt, Gott ist größer als euer Herz, und Er verurteilt euch nicht» (1 Joh 3, 20).

Das Sakrament der Versöhnung (die Beichte) bringt uns nicht nur die Sündenvergebung – was an sich schon großartig ist –, es ist auch ein Sakrament der Heilung für Leib und Seele.

Durch dieses Sakrament reinigt Jesus uns in der Allmacht seiner Liebe und Barmherzigkeit und macht uns an Leib und Seele wieder «jungfräulich», auch wenn wir das Zeichen, das Siegel der Jungfräulichkeit vorzeitig und unwiederbringlich eingebüßt haben. Aber wo viel Sünde ist, ist noch viel mehr Gnade, das ist unsere ganze Hoffnung und unsere Freude. Sylvia gibt uns dazu das folgende Zeugnis:

> «Vincent und ich hatten von Anfang an Sexualverkehr miteinander. Das war keine Frage für uns, es war einfach üblich und unser Mittel, uns unsere Liebe auszudrücken.
>
> Freunde haben dann mit uns über Reinheit, Ehe und so weiter gesprochen. Uns war das ganz und gar egal, bloß habe ich mich eines Tages gefragt, ob das nicht doch wahr sein könnte... Aber ich kam sehr schnell zu der traurigen Wirklichkeit zurück, daß ich längst keine Jungfrau mehr war und mich darum endgültig und für immer von all dem ausgeschlossen hatte.
>
> Nach ein paar Monaten ging ich wieder zu meinen Freunden, und sie haben mir von der Vergebung, der Versöhnung erzählt und sogar davon, daß man wieder "jungfräulich" werden könne. Also, das war stark! Ich habe es Vincent erzählt, wir haben uns helfen lassen und Gott um Vergebung gebeten, auch den anderen und uns selbst,

> und mit der Gnade haben wir in neuer Keuschheit eine Verlobungszeit verbracht. Ich kann euch sagen, unsere Hochzeitsnacht war wie beim erstenmal, und noch viel schöner!»

Habt mit dem heiligen Augustinus den Mut, die Kühnheit, bei Gott eure Sehnsucht nach Reinheit und Heiligkeit hinauszuschreien, aber auch eure Unfähigkeit, sie zu erlangen. Setzt euer ganzes Vertrauen und eure Hoffnung auf Ihn allein: «Du befiehlst mir Enthaltsamkeit; gib mir die Kraft zu tun, was du befiehlst, und befiehl mir, was du willst!» Auf diese Weise hat er die Reinheit erlangt, und konnte, durch ein keusches, reines Leben frei geworden, nach einigen Jahren sagen: «Liebe, und tue was du willst!»

Seid ihr allein oder zu zweit zu Fall gekommen, geht und empfangt von Gott die Vergebung und bittet einander um Vergebung, ohne zu vergessen, auch euch selbst zu vergeben, wie Sylvia und Vincent.

Es genügt nämlich nicht, sich allein von Gott vergeben zu lassen, es ist wichtig und befreiend, auch einander und sich selbst zu vergeben. Denn was würde es nützen, sich zwar von Gott vergeben zu wissen, sich selbst aber bis an sein Lebensende für schmutzig zu halten... Es wäre zum Verzweifeln niederdrückend!

Nein, Gott wäscht uns rein – wer wären dann wir, um uns selbst zu verurteilen?

Lieben heißt vergeben

Was bedeutet das, vergeben?

Ver-geben, das heißt mehr geben, und zwar offensichtlich Liebe. Mit anderen Worten, wenn man vergibt, liebt man mehr als vorher! Das beschränkt sich natürlich nicht nur auf das Paar.

Wir sind hier weit entfernt von Entschuldigungen wie «Das macht nichts», «Vergessen wir´s», «Ich denke nicht mehr daran» und anderen. Sie bedeuten alles mögliche, nur nicht: «Ich vergebe dir.»

Wenn wir verpflichtet sind, uns gegenseitig zu vergeben, heißt das, daß es zwischen uns nicht klappt?

Ganz und gar nicht, es beweist sogar im Gegenteil, daß ihr euch wahr und tief zu lieben beginnt, und nicht nur so obenhin, nach dem Muster: «Jeder hat doch seine guten Seiten.»

Bestimmte Mißverständnisse sind normal. Sie sind Teil der notwendigen «Feinabstimmung», wie sie in unserer «Werkstatt» der Verlobungszeit durchgeführt wird. Eine solche Feinabstimmung ist nie zu Ende, denn immer kann man noch mehr und besser lieben: Genau darin liegen Größe und Hoffnung der Ehe. Keine Gewöhnung, keine Eintönigkeit, man ist nie am Ziel.

Aber es gibt auch schwerwiegende Dinge, die man nicht vergeben kann!

Schwerwiegend will nicht heißen unverzeihlich. Die Vergebung ist wie die wahre Liebe von ihrem Wesen her unbegrenzt: *«Sie erträgt alles, glaubt alles, hofft alles»* (1 Kor 13, 7).

Nur die Gnade kann uns helfen, bestimmte Fehler zu vergeben.

Wenn man vergibt, wird dadurch nichts ausgebessert oder zusammengeflickt: man liebt stärker, tiefer und wahrer.

Die Fähigkeit zu vergeben ist großartig, eine wahre Lebensquelle. Die Vergebung ist etwas Schöpferisches oder Neuschöpfendes. Wenn ich vergebe, habe ich die Macht, Leben zu geben... oder es abzuweisen. Sobald man das entdeckt hat, bekommen die Vergebung und die Versöhnung ein ganz neues Gesicht.

Lieben lernen heißt, in Wahrheit und bis zum Äußersten vergeben lernen, um dem anderen, der Liebe und der Hoffnung neues Leben zu geben. Das setzt Demut, Schlichtheit und Vertrauen voraus.

Muß man unter Umständen in der Verlobungszeit auch einem anderen als dem oder der Verlobten vergeben, beziehungsweise ihn um Vergebung bitten?

Ja, das ist eine sehr gute Frage. Unser Leben besteht nicht aus lauter kleinen Scheibchen oder Stückchen, es ist ein Ganzes. Und wenn dieses Ganze betroffen ist, wenn es verletzt wurde oder verletzt hat, dann muß das ans Licht und zur Barmherzigkeit gebracht werden. Eric teilt uns eine entsprechende Erfahrung mit:

> «Ich war schon zwei Jahre mit Chantal zusammen. Ihre Eltern behandelten sie wie ein Küken, und das nervte uns. Außerdem hatten wir uns gerade bekehrt, und wir verstanden nicht, daß sie nicht mitmachten. Da bin ich einfach hochgegangen, ich habe angefangen, ihre Mutter mürbe zu machen und aggressiv zu werden, ich habe ihr sogar eine Strafpredigt gehalten. Chantal unterstützte mich dabei, auch als ich sie gegen ihre eigene Mutter aufbrachte! Wir fühlten uns stark und einig in dem, was wir für den guten Kampf hielten.
>
> Dann mußte ich in ein Land fahren, wo Krieg war, und weil ich keinesfalls sicher war, lebend zurückzukommen, habe ich nachgedacht, ob ich mit allen im Frieden war. Alles war o.k., bloß die Sache mit der Schwiegermutter nicht. Ich betete und nahm dann mein Schreibzeug, um sie um Vergebung zu bitten, da ich mir bewußt sei, daß ich sehr hart mit ihr gewesen und vielleicht sogar zu weit gegangen sei und begreifen würde, wenn sie mir nicht alles vergeben könne...
>
> Einige Wochen später erhielt ich wider Erwarten eine Antwort von ihr, in der sie sagte, sie habe mir tatsächlich nur sehr schwer vergeben können. Doch wenn sie mit dem Vaterunser, das sie täglich bete, ernst machen wolle, dann müsse sie

auch dem vergeben, der sie beleidigt habe... Inzwischen sind Chantal und ich verheiratet, und ich wünsche allen Ehemännern eine Schwiegermutter wie meine!»

So weit soll man gehen?

«Das Maß der Liebe ist, maßlos zu lieben», sagt der heilige Augustinus, und weil lieben vergeben heißt...

Nein, man «soll» nicht so weit gehen. Aber es ist sehr zu raten, weil das zum Frieden führt. Ich muß dem anderen genügend vertrauen, um mich selbst mit meinem Versagen, ganz gleich worin es besteht, lieben zu lassen, indem ich es ihm «beichte» und Vergebung von ihm erlange. Durch solche Demutsübungen, die so oft wie nötig wiederholt werden müssen, gegebenenfalls jeden Tag, bekommt die Liebe Wurzeln, wächst und trägt Früchte.

«Die Sonne soll über eurem Zorn nicht untergehen. Gebt dem Teufel keinen Raum», sagt der heilige Paulus (Eph 4, 26-27). Die Dinge müssen jeden Tag geklärt werden, damit wir einander so lieben lernen, wie wir sind.

In Erics Zeugnis betraf es sein Verhältnis zur Schwiegermutter, gilt aber für alle, und besonders zwischen Verlobten.

In der Liebe gibt es keine Kleinigkeiten, also auch nicht bei der Vergebung. Im täglichen Bemühen um Feinfühligkeit, Aufmerksamkeit und Zärtlichkeit können wir allmählich entdecken, was den anderen verletzt. Auch das bedeutet, in Beziehung zum anderen zu leben, um miteinander ein gemeinsames Leben aufzubauen (und nicht nur zu führen!). Das erfordert und kostet Zeit, aber laßt euch nicht abschrecken.

Die Zeit spielt eine große Rolle im Leben, im geistlichen Leben, im Gefühlsleben und ganz allgemein in der Natur.

Beobachtet einmal die Natur, zum Beispiel die Bäume. Es gibt grob gesprochen zwei Arten: schnellwachsende und langsamwachsende. Erstere, wie die Birke, schießen schnell auf und neigen zu Windbruch. Die anderen, wie Eiche oder Kastanie, brauchen sehr lange zum Wachsen, sind aber sehr fest. Man baut nicht mit Birke, sondern mit Eiche. In der Liebe ist es das gleiche: Laßt euch genügend Zeit!

«Die Ehe besteht nicht, sie muß beständig gemacht werden», sagte der Philosoph Bergson. Und Bismarck tat seiner Frau gegenüber den für ihn ganz ungewöhnlichen Ausspruch: «Gnädige Frau, wollen Sie sich bitte merken, daß ich Sie nicht geheiratet habe, weil ich Sie liebe, sondern um Sie zu lieben.»

Diese Zeit ist wunderschön, wenn ihr sie in rechter Weise verbringt und einander, wie Adam und Eva vor dem Fall, als Bruder und Schwester liebt. Verbringt ihr sie falsch, in Überstürzung, Drängelei und Selbstsucht, kann sie eine Hölle sein.

Seht, wie sie einander lieben!

Man hört oft von der «Zeit des Herzens». Was ist das?

Saint-Exupéry sagte: «Man sieht nur mit dem Herzen gut.»

Als ihr euch kennengelernt habt, hat euch das Herz in der Brust zum Zerspringen geklopft: «Das ist sie (oder er)! Ich bin ganz sicher!» Das alles ist gut, sogar sehr gut, wie Gott am Abend des sechsten Schöpfungstages selbst gesagt hat. Doch darf man bei diesem Herzklopfen nicht stehenbleiben, man muß weiterkommen. Die Sache ist zu wichtig, als daß sie nur einen Tag oder einen Abend dauern sollte.

Wer keinen Glauben hat, wird sagen, man müsse den Tatsachen ins Gesicht sehen. Ein Christ wird sagen: «Laßt uns beten, um uns klar zu werden» – wobei er den Tatsachen trotzdem ins Gesicht sieht. Denn Christ zu sein bedeutet nicht Weltfremdheit: Er hat das Herz zwar im Himmel, aber die Füße fest auf der Erde.

Die Verlobungszeit ist keine bürgerliche Erfindung, weil es «gut aussieht», sich zu verloben. Nein, es ist die

Zeit des Herzens! Die Zeit der seelischen Vertiefung, vor allem um sich seelisch zu lieben, ein Leben lang.

Die Liebe ist nicht nur ein Roman oder ein Traum, sie besteht nicht nur aus großartigen Ideen, und nicht einmal nur aus starken Antrieben. Was die Liebe schön macht, ist, daß sie sichtbar und spürbar ist und Frucht bringt.

Was ihr bald in die Ehe einbringt, besteht nicht nur aus natürlichem Leben, es ist übernatürliches Leben, Leben von Gott, das euch am Tag eurer Taufe geschenkt wurde.

Das vergessen wir viel zu oft, oder vielleicht hat es uns bisher noch niemand gesagt. Darum ist es so wichtig, daß eure Seelen sich zunächst einmal in jenem Heiligen Geist begegnen, der alle Dinge lenkt, das heißt, daß sie sich vor dem Herrn in innerer Sammlung begegnen.

Warum aber warten?

Keine Überstürzung, keine Hetze! Man muß nicht alles sofort tun, nur weil man sich unbedingt lieben möchte. Denn in seiner Weisheit (die uns so sehr fehlt!) hat der Herr für die kommende Zeit schon alle Gnaden verbreitet, damit unsere Liebe in Frieden wachsen und weitergehen kann. Wir aber wollen in unserer Ungeduld alles noch heute haben.

Wenn die Liebe nicht noch wachsen, sich läutern und heranreifen müßte, sollte man noch an demselben Tag heiraten, an dem man sich kennengelernt hat. Die Verlobungszeit aber dient dazu, daß ihr euch in allen Bereichen vorbereiten könnt.

Es ist keine bloße Gefühlsduselei, wenn ihr die einfache, tiefe Freude spürt, daß der andere bei euch ist, und es miteinander genießt, daß Gott bei euch ist. Das ist etwas Zuverlässiges und Dauerhaftes. Erlebt es selbst!

Was bedeutet «in guten und in bösen Tagen»?

Die Zeit des Herzens ist die Zeit, in der die Liebe sich, wie ein Baum, verwurzeln kann, um später dem normalen Verschleiß durch die Zeit standzuhalten, und ebenso den Stürmen und Angriffen des Alters oder der Krankheit.

«In guten und in bösen Tagen», wie das Sprichwort sagt: Seid ihr bereit, euch so weit zu lieben? Stellt euch einfach folgende Fragen:

«Liebe ich sie wirklich ganz und gar, und tief, oder liebe ich nur ihren Busen oder ihre Augen? Würde ich sie noch lieben, wenn sie eine Brust- oder eine Augenkrankheit bekommen sollte?»

«Wärst du bereit, ihn zu umarmen, wenn er entstellt und für sein ganzes Leben behindert wäre?»

Das Schlimme zeigt sich aber nicht immer so, wie wir es uns vorgestellt haben. Es hat also keinen Sinn, sich noch einmal alle möglichen Unglücke und Schrecken vor Augen zu führen, um sich zu «testen». Ein wesentlicher Bestandteil unseres Lebens ist die Gnade, und sie ist in jedem Augenblick nahe, damit wir in den guten wie in den bösen Tagen leben können.

Es ist allerdings gut, sich wenigstens einmal solche Fragen gestellt zu haben, wegen der Füße, mit denen wir auf der Erde bleiben sollen...

Warum das *«Seht, wie sie einander lieben»*?

Weil die Liebe nichts zu verbergen hat. Man muß sehen können, wenn man sich liebt, auf jede Weise, denn es macht sich einfach bemerkbar.

Glaubst du etwa, Bernhard, keiner würde sehen, daß du dich seit einiger Zeit täglich rasierst, dich parfümierst und immer in Eile bist?

Und du, Anne, wie kommt es, daß du nicht mehr rauchst, daß du lächelst und nicht mehr bis Mitternacht fernsiehst?

Das ist auch gut so. Denn wenn man Freude im Herzen hat, nützt sie nichts, solange nicht alle etwas davon abbekommen.

Die Liebe trotzt der Mathematik: Je mehr man gibt, desto mehr bekommt man!

Herunter mit den Masken!

Aber meine Fehler, muß ich sie zugeben?

Wenn es schon wichtig und schön ist, den anderen mit seiner menschlichen Armut und seinen Grenzen zu lieben, dann ist es ebenso wichtig – wenn nicht sogar noch wichtiger – die eigenen anzuerkennen und nicht zu verheimlichen.

Es ist bereits ein Schritt zur Demut und Heiligkeit, wenn man einwilligt, sich in seiner Armut lieben zu lassen. Die Verlobungszeit dient dazu, sich in eine solche gegenseitige Klarheit und Klärung einzuüben, ohne die wir nur so etwas wie Schauspieler wären.

Selbstverständlich darf das nicht zu einer ungesunden Schnüffelei führen, wo man alles auf der Stelle auspacken und alles von dem anderen wissen möchte. Alles zu seiner Zeit! Wahrheit ohne Liebe ist sehr, sehr hart. Versucht also nicht, in einer «Stunde der Wahrheit» alles ein für allemal überblicken und bereinigen zu wollen.

Seid immer wahrhaftig und nutzt jede Gelegenheit, um euch dem anderen anheimzugeben.

Das Ziel ist es nicht, alles zu sagen, sondern nichts zu verheimlichen. Denn wenn ihr vergangene Dinge oder Ereignisse bewußt verheimlicht, geht die Schminke früher oder später ab, und ihr steht da wie Adam und Eva nach dem Sündenfall, spitternackt und ohne Feigenblatt, und zum Vorschein kommt die Wahrheit mit all ihren schmerzlichen Enttäuschungen und allen ihren Folgen.

Wer in der Wahrheit leben will, findet immer den geeigneten Augenblick, um sie zu sagen.

Laßt es nie zu, daß sich Lüge oder Zweifel einschleichen, besonders nicht unter dem trügerischen Vorwand, euch «schonen», euch nicht schockieren zu wollen. Eine Lüge, und sei sie noch so klein, zieht stets weitere nach sich. Das ist eine teuflische Saat, ein ewiger falscher Schein und genau das Gegenteil von Liebe.

Wartet nicht, bis es zu spät ist. Seid heute schon wahrhaftig, zeigt euch dem anderen so, wie ihr wirklich seid und vielleicht sogar selbst Mühe habt, euch zu lieben.

Könnten wir ein paar Beispiele hören?

Ja sicher. Du zum Beispiel, Xavier, fürchte dich nicht, Yvonne zu bekennen, daß du zum Trinken neigst, verheimliche ihr nicht deine Vergangenheit und deine Abenteuer (natürlich ohne auf Einzelheiten einzugehen). Sag ihr, daß deine Eltern geschieden sind, daß du schon seit fünf Jahren nicht mehr in die Messe gehst und so weiter.

Und du, Yvonne, verheimliche Xavier nicht deine früheren homosexuellen Neigungen, schäme dich weder deines Glaubens noch des Kreuzes an deinem Hals. Erzähle ihm von deiner Begegnung mit dem Herrn, sag ihm, daß du deine Mutter liebst und sie viel für dich bedeutet und so weiter.

Und die Schwiegereltern? Man heiratet ja nicht seine Schwiegermutter.

Nein, da hast du recht. Aber wenn du dich heute nicht mit diesem oder jenem Zug an deiner Schwiegermutter abfinden kannst, dann sage dir, daß du ihn früher oder später an deiner Frau wiederentdecken wirst. Sie bleibt doch immer die Tochter ihrer Mutter! Wie du der Sohn deines Vaters, nebenbei gesagt.

Es kommt immer der richtige Augenblick, um die Wahrheit zu sagen.

Wenn ihr spürt, daß ihr nicht fähig seid, einander so zu lieben, wie ihr seid, dann betet, vergebt und bittet um Vergebung. Wenn es aber so bleibt und ihr den anderen mit seinem Benehmen, seiner Vergangenheit, seiner Familie und seinen Fehlern nicht ertragen könnt, dann macht Schluß. Stoppt das Feuer! Ihr seid nicht verheiratet, ihr könnt euch trennen. Das ist weder erniedrigend noch entwürdigend, sondern mutig und ehrlich.

Man darf vor allem nicht so tun, als sei alles bestens, und meinen, mit dem Sakrament der Ehe werde schon alles in Ordnung kommen: Das ist ein Irrtum! Das Ehesakrament ist kein Schlag mit dem Zauberstab.

Doch es gibt die Gnade, das stimmt. Eine Bekehrung ist immer möglich, das stimmt auch. Aber hier spricht das Herz, und das Herz hat seine Gründe, die der Verstand nicht hat.

Wie kann man das unterscheiden?

Genau an diesem Punkt könnt ihr anfangen zu ermessen, wie wichtig es ist, daß ihr eure Liebe nicht allein in eurem Winkel wie einsame Helden oder wie Aussteiger lebt.

Ihr müßt euch unbedingt helfen, beraten, aufklären und begleiten lassen von jemandem, der etwas von der Sache versteht, einem Priester, Ledigen oder Verheirateten, der genügend Abstand zu euch hat, um euch notfalls zu sagen oder wenigstens vorzuschlagen: «Halt, Freunde, bleibt stehen, oder ihr geht den falschen Weg!» Von daher ist es nötig, ja ein Schutz, daß der- oder diejenige, die euch berät, euch nicht zu nahe steht. Warum? Um jede affektive oder sogar geistliche Störung zu vermeiden, durch die die Unterscheidung verfälscht werden könnte.

Die sogenannte Begleitung ist erfreulicherweise nicht auf den Posten eines «Irrenwärters» beschränkt. Nein, sie ist ein lebenswichtiger Bestandteil unseres Lebens als Getaufte, damit wir durch sie weiterkommen und in der Liebe wachsen. Jeder Getaufte sollte eine solche Begleitung haben! Man trifft sich regelmäßig, betet zusammen, stellt Fragen und bittet um Rat. Dabei erfahren wir, daß wir zu einem Leib gehören, dessen Glieder wir alle sind, daß wir zu einer Familie gehören, in der wir Brüder und Schwestern sind.

Wenn die beiden aber nicht denselben Glauben haben?

Auch hier gilt, daß jedes Paar einmalig ist, was seine Schönheit und seinen Reichtum ausmacht. Wenn beide nicht dasselbe geistliche Leben führen oder wenn der eine dem anderen sozusagen immer zwei Schritte voraus ist, dann stellt das noch keinen Grund zur Trennung dar.

Wie schon gesagt, kommt mit der Heirat aber nicht alles in Ordnung, und wenn ihr vollständig nach eurem Glauben leben können wollt, muß das vor dem Tag X miteinander besprochen werden. Denn man muß nicht bis «nachher» warten, um dann traurig zu sein, daß man sonntags nicht in die Messe gehen kann, weil er oder sie nicht mitgehen will.

Fragt euch also gegenseitig einfach, auf was oder vielmehr auf wen der andere die gemeinsame Ehe aufbauen möchte.

Wenn die Dinge geklärt sind, dann wartet aufeinander, achtet einander, tragt euch gegenseitig und vermeidet vor allem eine zunehmende Entfernung: Die Liebe ist kein Wettlauf. Aber, wie der heilige Paulus sagte: *«Wetteifert in der Liebe!»* (Röm 13, 8).

Worüber sollen wir uns unterhalten?

Wir haben uns nichts zu sagen, wenn wir zusammen sind. Deswegen schlafen wir übrigens miteinander. Könnt ihr uns einen Rat geben?

Wenn das Gespräch fehlt, ist das oft mit ein Grund zur Trennung und Scheidung. Kein Wunder also, daß sich in der Verlobungszeit schon ähnliche Schwierigkeiten zeigen.

Man weiß nicht, was man sagen soll, und doch gibt es so viel, was man sich erzählen, was man mitteilen und ausdrücken kann. Es ist zum Beispiel wichtig, dem anderen zu sagen, daß man ihn liebt. Auch wenn sich das wortlos machen läßt, besser geht es mit Worten!

Man muß von dem – hoffentlich vorhandenen – Grundsatz ausgehen, daß alles, was ich erlebe, dem anderen wichtig ist, und umgekehrt. Nehmt euch also Zeit (und wartet nicht erst darauf!), um miteinander zu reden und euch zuzuhören; denn das gehört zusammen. Erzählt euch, wie der Tag war, fragt nach. Interessiert euch, auch wenn ihr euch zwingen müßt, für alles, was der andere erlebt. Schweigend zuhören zu können ist eine große Gnade.

Wahre Liebe ist immer ein Kampf gegen Eigenliebe und Selbstsucht. Wir müssen zunehmend vom *Ich* zum *Wir* kommen. Lernt, durch Gespräch auf den anderen bezogen zu leben.

Auch wenn das Gespräch mehr einem Wortgefecht als einem Liebesgeflüster gleicht: Ein Paar, das nicht mehr miteinander spricht, ist ein Paar, das stirbt.

«Schrecklich, wir reden nicht mehr miteinander, wir schreien uns nicht einmal mehr an!» So hören wir manchmal. Ein Streitgespräch will wenigstens noch ein Meinungsaustausch sein, der einen Hilferuf, einen Schrei oder ein Leid erkennen läßt, wenn man ihn richtig aufschlüsselt.

Aber auch in dieser Hinsicht sind Mann und Frau verschieden.

Der Mann sucht schneller das Weite und flüchtet sich auf dem Umweg über seinen Tätigkeitsdrang in Stummheit. Er zieht es vor zu schweigen und abzuwarten, «bis sie sich wieder beruhigt hat».

Dagegen will die Frau mit ihrer ewigen Unzufriedenheit (zur größeren Gnade für das Paar) stets mehr, und sie wird alles daransetzen, die Beziehung wiederherzustellen.

Beide sind jedoch einer Versuchung ausgesetzt, und zwar, alles auf die leichte Schulter zu nehmen und jede Auseinandersetzung ins Scherzhafte zu ziehen. So gehen sie der heilsamen, aufbauenden Auseinandersetzung aus dem Weg, die unbedingt nötig wäre.

Übrigens kann sich eine anfangs harmlose Unterhaltung von Stummen zum Tennis, dann zum Fechtkampf und schließlich zu einem wahrhaft mörderischen Spiel ausweiten, in dem alles erlaubt ist:

> *«Wenn ihr euch beißt und verschlingt, dann gebt acht, daß ihr euch nicht gegenseitig umbringt»* (Gal 5, 15).

Seid humorvoll, vor allem mit euch selbst; das hilft! Am Ende unseres Lebens werden wir, wie der heilige Johannes vom Kreuz sagte, nach unserer Liebe beurteilt – vielleicht auch ein wenig nach unserem Humor?

Worüber sollen wir uns unterhalten?

Gerade bei so etwas Geistigem wie dem Gespräch müssen wir besonders «irdisch» sein, so widersinnig das klingt. Denn nur im Gespräch können wir uns gegenseitig entdecken, wenn wir über die greifbaren Dinge reden, aus denen unser Alltag jetzt und später besteht.

Man kann dabei sicher nicht an alles denken und auch nicht alles ansprechen. Aber dadurch daß wir uns austauschen, reden und zuhören, merken wir nach und nach, was es heißt, zusammen zu leben.

Was den Inhalt, die Themen angeht, so sind es unendlich viele. Wendet euch von dem Bereich des Gefühlvollen, eher Fleischlichen (im guten Sinn) ab und haltet euch an scheinbar zweitrangige, belanglose Gesprächsstoffe, die jedoch zukunftweisend sind.

Hier habt ihr eine kurze, keineswegs vollständige Liste von Punkten, die ihr aufgreifen und vertiefen könnt. Einige davon müßt ihr zuvor bei euch selbst geklärt haben, bevor ihr sie zur Sprache bringt.

Haben wir gemeinsame Freunde? Haben wir den gleichen Geschmack, dieselbe politische und religiöse Einstellung? Welche Freizeitvergnügen und Hobbys pflegen wir? Setzen wir uns sehr in einer Partei, einem Verein oder einer Mannschaft ein? Aus welcher sozio-kulturellen Umgebung stammen wir? Welche Ausbildung haben wir gehabt? Sind wir eher Städter oder Landbewohner, für das Meer oder die Berge? Haben wir einen Luxusgeschmack, oder sind wir «Hippies»? Mögen und wollen wir Kinder? Wie viele? Hausmütterchen oder Mitverdienerin? Welche Beziehung haben wir zu unserer Familie, zur Familie der Schwiegereltern usw?

Neben all diesen Fragen erscheint noch eine andere sehr wichtig: Welche Themen vermeiden wir, und warum? Zwar heißt «sich lieben, zusammen schweigen zu können», wie Saint-Exupéry schrieb. Aber ein solches «Schweigen zu zweit» voller Liebe und Frieden darf nicht mit Stummheit verwechselt werden. Das gäbe nichts weiter als ein Duo ohne Worte, voller Vorwürfe und Ängste, die man nicht ausdrücken wollte oder könnte. Es gibt Arten von Schweigen, die lauter als ein ganzes Hupkonzert sind!

Und um nochmals auf die Gebrauchsanweisung zurückzukommen – lautet das allererste Gebot Gottes, noch vor dem Liebesgebot, nicht: «*Höre,* Israel?» (Dt 6, 4).

Wir sind doch nicht zum Wegwerfen!

Und die Treue, ist sie noch zeitgemäß?

Die Treue scheint nicht mehr ganz der Hit zu sein. DIGITAL hat HI-FI abgesetzt.

Abgesehen von allem, was «quick», «fast» oder «transrapid» ist, kommt immer mehr die Wegwerfware in Mode, vom Taschentuch und dem Rasierer bis zur Kontaktlinse und sogar dem Fotoapparat.

Aber, dem Herrn sei Dank, ihr könnt das so nicht annehmen! «Wir sind doch nicht zum Wegwerfen!» sagte uns kürzlich jemand, und Meinungsumfragen bestätigen, was ihr zum Ausdruck bringt. Tatsächlich halten 80% der Jugendlichen die Treue für wesentlich, weit vor der Sexualität! Trotzdem leben in Frankreich 1,7 Millionen junge Leute unverheiratet zusammen. Eheschließungen sind selten, dagegen häufen sich Scheidungen, wilde Ehen und uneheliche Geburten.

Das widerspricht sich doch!

Ja und nein. Denn die Zahlen geben die Wirklichkeit wieder. Selbst wenn eure Definitionen der Treue nicht besonders «moralisch» oder geistlich sind, so seid ihr doch nicht dumm, und darum soll man auch hier aufhören, euch ein X für ein U vormachen zu wollen.

In einer btx-Werbung war einmal folgende Botschaft zu lesen: «Es ist gut, einen Mann/eine Frau für sich zu haben!» Und dann wurden nebenbei fast biblische Ausdrücke verwendet, zum Beispiel aus dem Schöpfungsbericht in der Genesis. Damit wurde das Tiefste, Wahrste und Schönste in euch angesprochen, die Liebe. Aber verzerrt und nachgeäfft durch trügerische, gefährliche Nachahmung: Denn man besitzt einander nicht, man schenkt sich!

Schluß mit solchen Halbwahrheiten, die in Wirklichkeit reine Lügen sind! Ihr habt Hunger nach Wahrheit, nach *der Wahrheit*, und habt ein Recht darauf.

Sie ist vorbei, die Zeit des «Je größer, desto besser». Ihr fürchtet euch nicht vor dem, was anspruchsvoll ist, denn ihr wißt, oder spürt es zumindest, daß es keine dauerhafte wahre Liebe ohne Ansprüche geben kann. Das stimmt wirklich, und so ist die Treue eine der vier Grundbedingungen, die das Recht fordert und ohne die eine Eheschließung für ungültig erklärt wird:

1. Jeder von euch beiden muß in der Partnerwahl vollkommen frei sein.
2. Ihr müßt der Unauflöslichkeit der Ehe zustimmen.
3. Ihr müßt die eheliche Treue wahren.
4. Kinder müssen erwünscht sein.

Warum sollen wir treu sein?

Weil Gott treu ist! Die Treue ist wie die Liebe, etwas, das von unserem Vater im Himmel kommt, der gestern, heute und morgen derselbe ist und auf dem Thron sitzt in Ewigkeit.

Er ist *der Getreue* (vgl. Röm 8, 23; 2 Tim 2, 13; 1 Thess 5, 24 und andere). Diese Treue hat sich euch schon in vielfältiger Weise gezeigt, besonders als ihr euch begegnet seid! Das war kein Zufall, oder zumindest einer, der mit G wie Gott anfängt. Denn wie einmal jemand sagte, ist der Zufall der Deckname Gottes, wenn er nicht erkannt werden will.

Euer Zusammentreffen sieht wie zufällig aus: im Zug, auf der Hochzeit von Verwandten oder Freunden, bei einer Abendveranstaltung oder sonstwo. In dem Augenblick habt ihr gar nicht an Gott oder den Heiligen Geist gedacht, das ist klar. Euer Herz war viel zu beschäftigt! Aber im Nachhinein könnt ihr feststellen, ohne es notwendigerweise anzuerkennen, daß Gott die Dinge doch sehr gut regelt! Er hatte alles vorbereitet. Denn Er war es, der euch schon die heilsame (und heilige) Sehnsucht ins Herz gelegt hatte, einander zu suchen, um euch zu lieben und euch eines Tages vielleicht zu heiraten.

Gott ist schon längst vor diesem Zusammentreffen dagewesen und wußte, daß ihr euch begegnen würdet. Ihr kanntet euch noch gar nicht, aber Er wußte schon Bescheid. Gott ist eben Gott!

Hatte nicht jeder von euch beiden von diesem Augenblick geträumt und Gott, den Himmel oder einen Heiligen gebeten oder angefleht, euch nicht allein zu lassen, sondern euch in eurer Einsamkeit zu beschenken und euch zu «beweisen», daß ihr liebenswert seid und auch lieben könnt? Ihr habt sogar manchmal geweint und dem lieben Gott eine Szene gemacht: «Herr, ich will kein alter Junggeselle, keine alte Jungfer werden! Bloß das nicht! Ich will, daß man mich liebt und ich nicht allein gelassen werde.» Vielleicht habt ihr deswegen sogar gefastet, eine Novene gehalten oder eine Wallfahrt gemacht... Und der Herr in seiner Treue hat euch erhört und euch einander geschenkt.

So ist jeder für den anderen eine Gottesgabe. Darum ist es nutzlos, den anderen besitzen oder für sich gewinnen zu wollen: Denn er oder sie ist doch ein Geschenk, das euch von Gott gegeben, ja anvertraut worden ist. Selbst wenn ich in meinem Stolz immer noch meine, ich hätte alles allein geschafft. Einer schenkt sich dem anderen, und das ändert alles! Hier lauert allerdings eine versteckte Falle: Selbstsucht und Selbstverwirklichung. Lest, was Peter bezeugt:

> «Nach über zwanzigjähriger Ehe habe ich gemerkt, daß *ich mich* am Tag unserer Hochzeit verheiratet habe, und erst jetzt heirate *ich meine Frau*! Was für ein Unterschied und welche Befreiung!»

Wir reden mit euch über die Treue und das gegenseitige Geschenk – wenn und wann Gott will –, weil ihr eines Tages vor Gott und den Menschen den folgenden wichtigen Satz sprechen werdet, der für euer Leben in einer christlichen Ehe grundlegend ist: «Ich nehme dich, N. N., als meine Frau – als meinen Mann – und verspreche dir die Treue in guten und in bösen Tagen, in Gesundheit und Krankheit. Ich will dich lieben, achten und ehren, solange ich lebe.»

Was ist denn Treue nun genau?

Hier eine Erklärung aus einem Wörterbuch:

> Treue: Frei eingegangene Haltung des Willens, durch die man aktiv an einen anderen gebunden bleibt, auch in der Erprobung durch die Zeit oder durch Störungen von außen, durch die der Wille natürlicherweise zu einer Änderung veranlaßt werden kann.

Das ist klar und eindeutig! Es ändert die Denkweise: «Wann ich will, wenn und so lange ich will.» Bei dieser Erklärung ist jedes Wort wichtig, und ihr werdet bemerkt haben, daß die Treue weder eine Tugend ist noch ein Zaubertrank, in den jemand hineingefallen wäre, als er noch klein war, oder irgend etwas anderes. Nein, sie ist eine Gnade, ein Liebesbeweis, den wir unaufhörlich erbitten und von uns aus erstreben müssen. Übt euch von der Verlobung an darin, treu zu sein – und nicht darin, nicht untreu zu sein! Denn das ist etwas völlig anderes.

Im einen Fall versuche ich von ganzem Herzen, das Gute zu tun, wozu uns auch die Bibel ständig auffordert: *«Werdet nicht müde, Gutes zu tun»* (2 Thess 3, 13). Der andere Fall entspricht dem Wort: «Was du nicht willst, das man dir tut, das füg' auch keinem anderen zu», das zwar auch biblisch ist (vgl. Tob 4, 15), aber mehr dem Geist des Konfuzius als dem des Evangeliums nahekommt. Denn sagt Jesus nicht: *«Tun das nicht auch die Heiden?»* (Mt 5, 47).

Nicht untreu zu sein bedeutet, sich für den kleinsten gemeinsamen Nenner zu entscheiden, für das Allermindeste, sozusagen die Negativform. Das ist so etwas wie Spielverderberei, passiver Widerstand! Eine solche Einstellung spricht weder für Mut noch für Liebe.

Also was heißt «treu sein»?

Treu sein heißt, sich einsetzen. Es erfordert Willen, Phantasie und Einfühlung, kurz, Liebe.

Ihr möchtet dem anderen Freude machen, alles für sein Glück tun. Ihr kommt ihm in dem, was er gerade braucht, durch kleine Aufmerksamkeiten zuvor. Ihr werdet zur «Vor-sehung» für ihn; denn die göttliche Vorsehung «sieht voraus», kommt in der Liebe zuvor und sorgt vorher! Welch wunderbare Seite der Treue!

Dadurch daß ihr euch mit dem Herzen begegnet und auf den anderen statt auf euch selbst ausrichtet, ist euer größter Wunsch nun nicht mehr, selbst glücklich zu werden, sondern den anderen glücklich zu machen.

«Lieben heißt, alles geben, auch sich selbst», sagt die heilige Therese von Lisieux. Mit anderen Worten, selbst wenn ich alles gegeben hätte, nur nicht mich selbst, dann hätte ich noch nichts gegeben. Wenn du den anderen nicht ganz und gar und bis zur Selbsthingabe liebst, dann liebst du immer mehr dich selbst. Du gibst dich nicht hin, weil du dabei bist, dich dir selbst zu geben, dich für dich haben zu wollen! Das kann sich im Tun, in Worten oder im Denken zeigen. Genau aus diesem Grund tut ein Bruch immer so weh – und wenn es nicht weh tut, dann nur, weil nicht Liebe dagewesen war, sondern nichts weiter als Selbstsucht, Vergnügen und Genuß zu zweit.

Liebe ist wie das Manna in der Wüste: Man kann sich nichts davon zurseite legen oder einen Vorrat schaffen. Man muß jeden Tag geben, was man hat und was man ist. Das tut Jesus in der Eucharistie, in der er uns «heute» unser «tägliches Brot» gibt. Er geht in der Liebe bis zum Äußersten, in dem er sich für uns am Kreuz ausliefert.

Nochmals, welch eine Gnade ist es, leben und uns hingeben zu können nach seinem Vorbild und ähnlich wie Er! Hierin liegt das Geheimnis des Glücks und der Treue: in der Hingabe seiner selbst.

Es ist gut, wenn wir uns von Gott belehren lassen und Ihm den gebührenden Platz einräumen, nämlich den ersten! Das ist weder unverantwortlich noch ein Untätig-Werden oder frühkindliche Unreife, es ist eine Frage des Tiefgangs unserer Lebenseinstellung.

Vertrauen wir Gott oder nicht? Treibt unser Stolz uns dazu, allein zurechtkommen zu wollen? Wenn es so ist, daß wir Gott nicht mehr vertrauen, dann geraten wir, unabhängig von unserer geistigen oder geistlichen Reife, in die erstbeste Falle, die sich auftut. Und diese Falle ist das Fleisch, das heißt vor allem die Selbstsucht, in der die Liebe verkehrt wird und man sich selbst liebt.

Die Ehe ist nicht einfach eine Vereinigung oder Gegenüberstellung eines alten Knaben und einer alten Jungfer. Wahre Liebe besteht darin, sich dem anderen zu schenken. Man verzichtet auf sich selbst, um sich auszuliefern; denn *«geben ist seliger als nehmen»* (Apg 20, 35), und *«Es gibt keine größere Liebe, als wenn einer sein Leben für seine Freunde hingibt»* (Joh 20, 13).

Wir sind keine Tiere oder Pflanzen. Gott hat uns gewollt, ausgesucht, geliebt, erwählt und ausgesondert. Er hat uns nach seinem Bild und seiner Ähnlichkeit geschaffen. Aus dieser Ähnlichkeit ergibt sich die Verpflichtung zur Treue, und nicht aus einem Erlaß oder einer päpstlichen Bulle, wodurch den Eheleuten diese Verpflichtung auferlegt würde.

Wenn wir uns verpflichten, verpflichtet Gott sich selbst. Darum fürchtet euch nicht! Und wenn ihr meint, das auf keinen Fall erreichen zu können, erinnert euch daran, daß Jesus uns gesagt hat: *«Ohne mich könnt ihr* ***nichts*** *tun!»* (Joh 15, 5). Deutlicher kann es uns nicht gesagt werden. *Er ist der Weg, die Wahrheit und das Leben* (Joh 14, 6). Wir alle brauchen Ihn.

Zusammen beten?

Gibt es andere Möglichkeiten, um nicht zu fallen oder wieder aufzustehen?

Glücklicherweise ja! Es gibt die Vergebung, das Bußsakrament, die Eucharistie und die verschiedenen Wahlmöglichkeiten, von denen wir schon gesprochen haben. Aber es gibt auch das Gebet: *«Betet, damit ihr nicht in Versuchung fallt»* (Mt 26, 41), wie Jesus zu den Aposteln gesagt hat.

Verliebte und Verlobte sind sich einig: als sie in ihre Beziehung das Gebet einführten (oder manchmal sogar damit begannen), wurde ihre Liebe tiefer und größer, die Versuchungen wurden geringer.

Wir wollen allerdings nicht behaupten, es gebe keinerlei Versuchungen mehr. Alle Heiligen haben trotz ihres Gebetslebens furchtbare Versuchungen gehabt.

Eines ist gewiß, wenn wir eine Verabredung, einen Abend oder uns selbst unter Gottes Schutz stellen, dann bleibt Er nicht taub gegen unsere Bitten, und die Engel holen uns, wenn nötig, wieder auf die Erde herunter.

Es stimmt, daß das Gebet ein Kampf ist. Es erfordert Ausdauer, aber es bringt etwas. Fallt nicht auf den Versucher herein, der euch einbläst, ihr wäret Heuchler, wenn ihr bei eurem ausschweifenden Leben beten würdet. Das zeigt das Zeugnis von Johannes sehr deutlich:

> «Klara und ich kommen aus christlichen Familien. Als wir älter wurden und studierten, haben wir uns ein bißchen "emanzipiert" und lebten schließlich sozusagen zusammen. Wir spürten wohl, daß wir abrutschten, daß nicht richtig war, was wir taten. Aber zugleich war es stärker als wir.
>
> Wir führten gleichsam ein Doppelleben: einerseits "ordentlich" katholisch, andererseits, weniger großartig, in Sünde. Trotz allem haben wir in der ganzen Zeit weiterhin gebetet, allein und zusammen und waren dabei sicher auch von den verborgenen Gebeten anderer Christen mitgetragen.
>
> Im Nachhinein sind wir überzeugt, daß wir dank unserer Ausdauer, auch wenn sie scheinbar heuchlerisch war, in dieser Frage schließlich klar sahen, das Licht konnte in unsere Finsternis scheinen, und unsere Beziehung konnte geläutert werden.
>
> Diese Beharrlichkeit war unsere "rettende Planke", unser Rettungsring, und wir haben ihn nicht aufgegeben.»

Das Gebet ist also nichts als ein «Rettungsring»?

Das nicht, Gott sei Dank! Vor allem ist es eine Beziehung, ein Gespräch mit Gott. Ein besonderer Augenblick oder Ort, an dem wir alles erbitten und aussprechen, alles erwarten und alles geben dürfen.

Nehmt euch oft die Zeit zu einem solchen vertrauten Beisammensein zu dritt, mit dem Herrn in eurer Mitte. Laßt ihn eure Liebe aufbauen, erbauen und stärken: *«Wenn der Herr nicht das Haus baut, mühen sich die Bauleute umsonst»* (Ps 127, 1).

Nutzt das gemeinsame Gebet auch dazu, den Herrn um Einsicht zu bitten. Bei wichtigen Entscheidungen ist es nicht untersagt, neben dem Beten zu fasten, um Gott euren guten Willen und euer Vertrauen zu zeigen

Wenn ihr besonders schwerwiegende oder heikle Dinge zu besprechen habt oder um Vergebung bitten müßt, ist das Gebet eine einmalige Voraussetzung für die Lösung und die Vergebung.

Jesus sagt: *«Wo zwei oder drei in meinem Namen zusammen sind, da bin ich mitten unter ihnen»* (Mt 18, 20). Nutzt das aus! Scheut euch auch nicht, den anderen um sein Gebet zu bitten. Dann soll er oder sie euch zum Zeichen des Mitgefühls und der Fürbitte die Hände auflegen.

Der beste Kanal für die Gnade ist die Liebe.

Wie betet man?

Wenn ihr im Beten noch nicht so zuhause seid, genügen ein Vaterunser und ein Gegrüßt seist du, Maria. Ihr könnt es sogar ablesen, wenn ihr es vergessen habt. Es kommt nicht auf die Menge an, denn euer Beisammensein soll ja nicht zum Gebetstreffen werden.

Natürlich wird das Gebet «als Paar» unterstützt vom täglichen Gebet des einzelnen. Nach wie vor ist jeder von uns einmalig vor Gott, und diese besondere Beziehung des Sohnes oder der Tochter zum Vater kann durch nichts ersetzt werden.

«Wenn wir Gemeinschaft mit Gott haben, haben wir auch Gemeinschaft mit den anderen» (1 Joh 1, 7). Bevor wir nämlich unsere Leiber in Liebe vereinen, müssen wir durch die Gnade des Heiligen Geistes eine persönliche Liebesgemeinschaft mit dem Herrn geknüpft haben. Besteht keine solche Verbindung zwischen der göttlichen Liebe und den Seelen, wird die Ehe nichts weiter als oberflächlich und unbeständig sein können. Dann fehlt der Liebe Tiefgang.

Nehmt euch miteinander Zeit für Gott. Macht die Erfahrung, daß ihr beide in Gottes Vaterhand seid, weil eure Seelen sich lieben: Eure beiden Namen sind eingeschrieben in dieselbe Hand. Bei jedem Händedruck schmiegt Er euch aneinander.

Gott ist magnetisch, er zieht euch an! Wenn ihr also auf Gott zugeht, geht ihr aufeinander zu und ihr könnt spüren, daß Gott und der (oder die) Geliebte euch in gleicher Weise nah sind. Diese beiden Formen der Nähe werden nach und nach ineinander übergehen; denn der Ehemann oder die Ehefrau, das ist Gott an meiner Seite!

Welche Seligkeit, mit derselben Begeisterung seinen Partner zu lieben und Gott anzubeten!

Am Ende dieses Kapitels schlagen wir euch ein Gebet vor, das ihr gemeinsam sprechen könnt:

Herr, wir danken Dir,
daß Du uns diese Liebe schenkst,
die wir erfahren dürfen.

Wir erkennen, daß sie von Dir ist,
der Du die Liebe und Treue bist.

Wir bitten Dich
um Dein Licht, damit wir erkennen,
was uns mit Macht zueinander führt;

um Deinen Heiligen Geist, damit er unsere Liebe läutert;
um Dein Wort, damit es uns zur Heiligkeit führt,
und um Dein Erbarmen, damit unsere Seelen
inniger miteinander vertraut werden.

Gewähre uns Deine Kraft, damit wir
mitten in dieser Welt beständig bleiben
in der Keuschheit von Leib und Seele

und Du uns zum jetzigen Zeitpunkt unseres Lebens
in vollem Umfang erkennen lassen kannst,
welche Berufung wir beide als Deine Kinder haben.

Amen.

Sähet, weil ihr einander liebt

Jeder hat in der Gesellschaft seinen Platz, seine Berufung und Aufgabe. Wie ist das mit uns?

Darauf hat uns der Papst in diesem Jahr der Familie[1] seit dem 1. Januar bereits ausführlich geantwortet, als er daran erinnerte, daß «die Welt sich nach dem Frieden sehnt, daß sie ihn äußerst nötig hat. (...) Die Familie bleibt der natürliche, grundlegende Bestandteil der Gesellschaft, in der sie eine unersetzliche Rolle für den Aufbau des Friedens spielt. Eine Zivilisation des Friedens ist nicht möglich ohne die Liebe. (...) Aus der Familie erwächst der Frieden der Menschheitsfamilie. (...) Die Zukunft der Gesellschaft hängt von der Familie ab.»

Deutlicher kann es nicht gesagt werden! Gott hat Zutrauen zu euch, die Kirche hat Zutrauen zu euch, und die Gesellschaft zählt auf euch!

Das ist kein Frieden, wie die Welt ihn gibt, nach Art der «Softies» oder von «peace and love», es ist Sein Friede, wie Er ihn gibt: *«Frieden hinterlasse ich euch, meinen Frieden gebe ich euch»* (Joh 14, 27).

---

1 Siehe Anhang

Als Verlobte – oder bald Verlobte – seid ihr, wenn Gott will, dazu bestimmt, eine Familie zu gründen. In dieser Hinsicht seid ihr mit dem, was ihr heute darstellt, nicht allein für euch, sondern für die ganze Gesellschaft von großer Bedeutung.

Sucht von jetzt an nach diesem Frieden, betet und arbeitet für ihn.

Ihr wißt, wie die Welt an ihrer Treulosigkeit, an ihren Ausschweifungen und ihrer Sünde kaputt geht. Sie leidet. Ohne es zu wissen, sucht sie verzweifelt nicht Gurus oder überzeugende Denker, sondern das Zeugnis von Menschen, die durch ihr alltägliches Leben etwas Göttliches, Ewiges widerspiegeln: die *Liebe*, die in ihnen wohnt.

Chiara Lubich fand dafür folgende wunderbare Worte:

> «Stellt euch einen Augenblick vor, daß es auf der Welt keine Bibel mehr gäbe, daß alle Evangelien plötzlich verschwunden wären und niemand mehr darin lesen könnte... Dann müßte man sie allein durch den Anblick unserer Lebensweise neu schreiben können!»

Gott zählt auf jeden einzelnen von uns. Er hat die Liebe in unsere Herzen gesät – werden nun auch wir sie säen?

Wenn die Christen es so machten wie alle, indem auch sie sich der Verzweiflung überließen und keinerlei Wert und Anhaltspunkt mehr hätten, wo käme die Welt dann hin?

«Wenn ihr schweigt, werden die Steine schreien» (Lk 19, 40), versichert Jesus. Wenn man Ihm, dem Sohn des

lebendigen Gottes, begegnet ist, kann man nicht mehr schweigen.

Laßt uns unser Leben ändern! Bekehren wir uns, und Tausende um uns werden sich bekehren, wie es der heilige Seraphim von Sarow so gut gesagt hat.

Sind wir wirklich unentbehrlich?

Ja. Durch euer lebendiges Zeugnis, durch eure Offenheit für die Nöte der Mitmenschen und dadurch, daß ihr nicht für euch beide lebt, sondern füreinander für die anderen. Dann werdet ihr solche Säer sein.

Setzt euch miteinander ein, bringt euch zusammen ein, bei den Pfadfindern, in der Katechese, bei der Gottesdienstgestaltung, Krankenbesuchen und anderem mehr.

Ihr werdet die Freude und das Glück des Einsatzes kennenlernen, denn *«geben ist seliger als nehmen»* (Apg 20, 35), und wenn man ein solches Sich-Geben zu zweit erleben kann, ist es noch schöner und fruchtbarer.

Die Welt muß durch euch wieder neues Zutrauen zur Liebe, zu Zärtlichkeit und Treue gewinnen. Dazu ist es jedoch notwendig, daß ihr das, was ihr in eurem Leben erfahrt, weitergebt. Möge eure Partnerschaft zu jener «Werkstatt» oder zum «Labor» werden, in dem Friede und Barmherzigkeit erprobt werden. Dann könnt ihr sie in die Welt hineintragen und wirkt auf diese Weise an dem «neuen Pfingsten der Liebe» mit.

Und nun zum Schluß noch eine kleine Testfrage:

Liebt ihr die anderen mehr und besser, seit ihr einander liebt?

Auf Hochzeitsreise...

Karl und Maria schreiben uns von ihrer Hochzeitsreise aus Spanien:

«Richtet allen Liebenden und Verlobten von uns aus, sie sollen durchhalten! Es lohnt sich zu warten, um dazuzulernen. Die Verlobungszeit hat Sinn, auch wenn er uns manchmal entgeht. Erst jetzt können wir ermessen, was für ein Schatz diese Zeit ist.

Wie kann man sich vorstellen, was unvorstellbar ist? Es ist kein Traum, sondern etwas durchaus Greifbares, Wirkliches. Wenn man die Ehe auch Sakrament nennt, sie ist nichts anderes als ein Wunder! Es ist schön, großartig, göttlich! Darauf muß man sich vorbereiten.

Beachtet also die Gebrauchsanweisung. Alles hat seine Zeit. Haltet durch, auch wenn es manchmal hart ist. Wir haben es gut geschafft, warum nicht auch Ihr?

Wir umarmen Euch und beten für Euch.»

Das war die Botschaft! Habt ihr sie begriffen?

Inhaltsverzeichnis

Andere Bücher aus dem Parvis-Verlag

Jesus und dein Leib

Die Sexualmoral, für Jugendliche erklärt

Diese Broschüre richtet sich an alle Christen, die sich mit den Fragen der Sexualmoral beschäftigen, vor allem aber an die Jugendlichen. Alle präzisen Probleme des sexuellen Lebens werden behandelt. Der Verfasser hat versucht, auf all die ganz konkreten Fragen einzugehen, und schließlich befaßt er sich mit der täglichen Übung der christlichen Keuschheit.

von Mgr. Léonard, Bischof von Namür

98 Seiten, 14,5x21 cm *SFR 11.- DM 13.- öS 95.-*

Bleibt in Mir

Ein Weg zum inneren Gebet

Dieses Buch öffnet uns den schmalen Weg zum inneren Gebet. Wir lernen in vielen Zitaten die Erfahrungen des Johannes vom Kreuz, der Teresa von Avila, Gertrud von Helfta und anderer Gottesfreunde kennen, die aus dem inneren Gebet Inspiration und Kraft geschöpft haben. Sr. Marie-Pascale teilt uns eigene Erfahrungen mit. Seine Lehre ist dicht, aber einfach, leicht faßlich für alle und von allen nachvollziehbar.

192 Seiten, Format 13x20 cm *SFR 16.- DM 19.- öS 140.-*

Hingabe an die Vorsehung

Gott will sich um uns kümmern und stellt seine Vorsehung in den Dienst des Menschen... Die Güte Gottes ist immer zugänglich, und Christus ist gekommen, um uns Zugang zu ihr zu verschaffen. Wie können wir unser Leben auf ein solches Vertrauen zur göttlichen Vorsehung aufbauen?

Dazu gibt Evelyne Madre uns in ihrer Abhandlung einfache, wertvolle Ratschläge und greift dabei auf zahlreiche Beispiele und Anekdoten zurück.

64 Seiten, 11,5x17 cm *SFR 6.- DM 7.- öS 50.-*

Es wagen, die Liebe zu leben

In einer Zeit, wo so viele Menschen sich fragen, an welches Vorbild sich das Ehepaar und die Familie halten können, zur Stunde, da «neue Familienmuster» angepriesen werden, weist die Autorin auf das Wort Gottes hin, wie es in der Tradition der Kirche überliefert wird, um uns den Weg aufzuzeigen, der es ermöglicht, heute in der Ehe die Liebe leben zu können. In klaren und allgemeinverständlichen Worten spricht sie zu uns von der Schönheit, Größe und Einzigartigkeit der christlichen Ehe. Sie beschreibt sie uns unter verschiedenen Gesichtspunkten: das Ehepaar im «Plane Gottes», die Stellung des Mannes und der Frau, die Gnade des Ehesakramentes, die Bedeutung der fleischlichen Vereinigung im Leben des Ehepaares, sein Gebetsleben und seine dem Evangelium entsprechende Lebensführung, sowie die Art und Weise, den Schwierigkeiten zu begegnen, die im Laufe der verschiedenen Etappen des Ehelebens auftreten können.

von Georgette BLAQUIÈRE, 208 Seiten, 13x20 cm *SFR 19.50 DM 22.- öS 165.-*